MÉMOIRE

POUR

M. LE MARÉCHAL DUC DE RICHELIEU,

PAIR DE FRANCE;

CONTRE

MADAME LA PRESIDENTE

DE SAINT-VINCENT,

LE SIEUR VEDEL, BENAVENT,

ET AUTRES ACCUSÉS.

A PARIS,

DE L'IMPRIMERIE DE LOUIS CELLOT,

RUE DAUPHINE.

M DCC LXXVII.

MÉMOIRE

POUR M. le Maréchal, Duc DE RICHELIEU, Pair de France.

CONTRE Madame la Présidente de SAINT-VINCENT, le sieur VEDEL, BENAVENT, & autres Accusés.

TANT d'Ecrits ont déja paru dans cette étrange affaire, qu'on craint de fatiguer encore le Public & les Magistrats, en leur présentant de nouvelles réflexions. Et d'ailleurs qu'est-il besoin de disserter, de raisonner, dans un procès où tout gît en fait? Les billets sont-ils faux? Quel est l'auteur du faux? C'est par le fait, que ces deux questions doivent s'éclaircir; & ce fait dépend des preuves de toute nature que les vérifications d'Experts, que les dépositions des témoins, que les aveux des coupables, que les pieces émanées d'eux, ont pu faire éclorre.

C'eſt-là, c'eſt dans cet aſſemblage de faits & de preuves que la Cour cherchera les motifs du Jugement qu'elle doit prononcer. M. le Maréchal de Richelieu ne peut donc rien faire qui ſoit plus propre à l'éclairer, que de raſſembler dans des tableaux racourcis toutes ces preuves éparſes. Il n'aura pas beſoin de les étayer par des raiſonnemens : les faits parleront d'eux-mêmes ; leur force naîtra de leur propre évidence, & la conviction ſera le fruit de leur réunion.

LES BILLETS SONT-ILS FAUX?

Ce ne peut plus être une queſtion.

1°. Le Gouvernement s'eſt ſaiſi le premier de cette affaire. Il devoit ſans doute ce ſecours à un Maréchal de France abſent pour ſon Service au moment de la découverte du faux. Il le devoit au Public qu'on ne peut garantir des conſéquences funeſtes de ce crime, que par des moyens plus prompts que ceux qui ſont au pouvoir de la Juſtice ordinaire. Ce ne fut point là un acte de deſpotiſme : ce fut le plus légitime & le plus néceſſaire uſage de cette Autorité ſuprême qui veille ſans ceſſe à la ſûreté publique.

Or les deux Experts chargés par le Gouvernement de vérifier la ſignature d'un des billets dont il s'agit, & celle d'une des lettres imputées à M. le Maréchal, ſaiſie ſur le ſieur Benavent, les ont unanimement déclarées fauſſes. Premiere preuve, qui, quoiqu'étrangere au Procès, n'eſt pas moins notoire & conſtante.

2°. Sur la plainte de M. le Maréchal de Richelieu, le Châtelet a commencé une inſtruction légale. Le premier pas de cette inſtruction a été une vérification d'Experts. Deux nouveaux Ecrivains jurés ont procédé à cette vérification, & leur suffrage a été également uniforme. Tout deux ont déclaré fausses les signatures apposées au bas des billets, & au bas des différentes lettres produites à l'appui de ces billets.

3o. La Cour par son Arrêt du 29 Mars 1776 a ordonné un troisieme rapport d'Experts. Qu'en est-il résulté ? Un nouveau témoignage d'une vérité que l'homme le moins Expert apperçoit à la premiere vue. Les signatures apposées aux billets & aux lettres ont été encore reconnues fausses.

4o. Enfin du sein de cette nouvelle instruction ordonnée par la Cour, & dont les Accusés osoient triompher, est sorti un trait de lumiere plus frappant peut-être que tous ceux qui résultoient déja de cet accord parfait entre six Experts consultés par la Justice ; c'est une découverte précieuse dont il faut expliquer les détails.

Lorsque le Magistrat de Police fit faire en 1774 de l'ordre du Gouvernement la premiere vérification d Experts, l'Abbé de Villeneuve justement inquiet de s'être ingéré dans la négociation de ces billets que M. le Maréchal de Richelieu désavouoit hautement, proposa au sieur Vedel de faire faire de leur côté une vérification d'Experts pour l'opposer à celle qui se faisoit de l'autorité du Gouvernement. Vedel rassuré par l'illusion qu'avoit faite, à plusieurs personnes attachées à M. le Maréchal de Richelieu, la conformité apparente des fausses signatures, avec celle de M. le Maréchal, se prêta facilement à cet essai. Ils choisirent en conséquence trois Experts nommés *d'Autrep*, *Harger & Vallin*, & ils leur remirent avec différens billets, plusieurs lettres véritables de M. le Maréchal de Richelieu, parmi lesquelles Vedel glissa adroitement une lettre fausse ; cette lettre est l'une de celles depuis déposées par Lafite, cotée 14 & reconnue fausse par tous les Experts. Vedel, en l'attribuant à M. le Maréchal de Richelieu, l'a citée comme une preuve qu'il s'intéressoit véritablement à lui (1).

Cette vérification mystérieuse n'étoit point encore venue à la connoissance de M. le Maréchal de Richelieu, lorsque intervint l'Arrêt du mois de Mars 1776. Instruit depuis de ce fait, il n'a eu d'autre moyen d'en connoître l'événement & le résultat, que de citer en Justice les trois Experts. Il les a fait assigner, & tous trois ont comparu.

Les sieurs d'Autrep & Vallin ont déclaré avoir été consultés, mais ne pouvoir dire quel avoit été leur avis, parce qu'ils se croyoient liés par le secret de la confiance.

Ce scrupule imaginaire, & qui deviendroit trop funeste à la Société, s'il étoit autorisé en matiere de crimes, n'a point arrêté le sieur Harger. Interpellé de dire vérité sous la religion du serment, il l'a dite avec franchise. Il a fait plus : il a annexé à son récolement copie du rapport dont il avoit conservé la minute, & qu'il avoit remis, signé de lui & de ses deux Confreres, aux sieurs Abbé de Villeneuve & Vedel.

Il doit résulter des dépositions, récolemens & confrontations de cet Expert, & du dépôt fait par lui de la copie du rapport, 1°. que Vedel a affecté de ne pas reconnoître cet Expert, qui l'a très-bien reconnu. 2°. Que Vedel a avoué s'être transporté avec l'Abbé de Villeneuve chez un Expert pour faire faire la vérification dont il s'agit. 3°. Que les trois Experts consultés, ont una-

---

1) Voici le contenu de cette lettre. « Cela n'auroit pas le sens commun » que j'écrivisse à votre Colonel, mais je vous donne ma parole » d'honneur que dès que je serai à Versailles, j'irai trouver M. d'Aiguil» lon & parlerai à votre Colonel, & j'espere qu'à moins de chose que » je ne prévois pas, vous aurez entière satisfaction. »

Jeudi ce 10,

nimement déclaré les billets faux, qu'ils les ont jugé *calqués* ſur une ſignature véritable, & qu'ils ont même trouvé ſur le papier *des traces du crayon qui avoit ſervi à diriger la main du fauſſaire.* 4°. Enfin que la prétendue lettre écrite à Vedel par M. le Maréchal de Richelieu, & gliſſée parmi les pieces de comparaiſon, étoit elle-même une piece fauſſe.

Ainſi, avant que la Juſtice fût avertie de la fauſſeté des billets & des lettres, par la plainte de M. le Maréchal de Richelieu & par les rapports d'Experts, les Accuſés, & ſur-tout le ſieur Vedel, étoient inſtruits de ce faux : ils en avoient la certitude phyſique, ils en étoient pleinement convaincus, & cependant pour ſoutenir la vérité des ſignatures, que n'ont-ils pas haſardé! Ils ont attaqué tous les Experts nommés par la Juſtice, ils les ont accuſés d'impéritie, d'ignorance, de mauvaiſe foi; ils ont prétendu qu'ils étoient tous gagnés & ſéduits par M. le Maréchal de Richelieu. Faudroit-il autre choſe que cette circonſtance pour les convaincre d'être réellement les auteurs du faux? Car s'ils n'en étoient pas les auteurs, pourquoi auroient-ils ſoutenu avec un tel acharnement les billets vrais, lorſqu'ils ſavoient d'une maniere certaine qu'ils étoient faux?

Il eſt impoſible de réſiſter à cette conſéquence. Auſſi pour y échapper, le ſieur Védel fait-il tous ſes efforts. Il récuſe le témoignage d'*Harger*; il ſoutient que ſa dépoſition doit être rejettée, ou que du moins on n'en peut rien conclure, parce qu'elle eſt unique. Mais par cette défenſe, il met de plus en plus ſa mauvaiſe foi en évidence. *Il eſt convenu qu'il a conſulté avec l'Abbé de Villeneuve des Experts.* Cet aveu nous ſuffit. Quels ſont-ils, en effet, ces Experts? Si ce n'eſt pas, Arger, d'Autrep, & Vallin, qu'il nomme ceux qui lui ont donné leurs avis; qu'il produiſe leur rapport? S'il perſiſte à refuſer de communiquer l'avis de ces Experts, il ſera impoſſible de ne pas regarder comme conſtans les faits dépoſés par Harger & avoués en quelque ſorte par le ſilence de ſes deux Confreres.

Voilà donc *neuf Experts conſultés.* Deux par le Gouvernement en l'abſence de M. le Maréchal, deux par le Châtelet, deux par le Parlement, & trois par les accuſés eux-mêmes, dans le plus grand ſecret, & avec tous les pieges que le crime peut préparer ; & tous ces Experts ont déclaré fauſſes les lettres & les ſignatures que M. le Maréchal avoit arguées de faux. Une telle unanimité ne peut rien laiſſer à deſirer.

En vain les accuſés eſſaient d'effrayer les Magiſtrats ſur le danger de cette ſorte de preuve. Il ſuffiroit ſans doute de répondre que c'eſt une preuve néceſſaire, ſouvent la ſeule à laquelle on puiſſe recourir, & qu'elle eſt expreſſément autoriſée par l'Ordonnance (1). Mais eſt-ce ici, eſt-ce dans ce procès, que l'incertitude du jugement des Experts eſt à craindre ? Leur unanimité porte leur ſuffrage juſqu'à la démonſtration, & la circonſtance que *trois* de *ces Experts* conſultés par les Accuſés eux-mêmes, ont porté dans le ſecret le même jugement, donne à cet enſemble d'opinions le caractere de la vérité même.

Les accuſés, juſtement alarmés de cette foule de témoignages, cherchent encore à en diminuer le poids, en alléguant que *l'opinion de ces Experts préſente trois réſultats différens ; les uns diſant que les ſignatures ont été calquées, les autres, qu'elles ont été contre-tirées, & les derniers, qu'elles ont été imitées.* Il eſt vrai que preſqu'au même inſtant, on détruit ce reproche, en leur en faiſant un autre. On les accuſe au même

(1) Titre premier du faux principal, article 3.

endroit

endroit *de dire presque mot pour mot les mêmes choses* (1). Sans être aussi bien instruit de ce qu'ont dit tous ces Experts, M. le Maréchal de Richelieu croit pouvoir assurer qu'à l'exception de quelques lettres & signatures grossiérement *imitées*, tous les Experts se sont réunis à juger que les signatures des billets étoient *contre-tirées* ou *calquées*, ce qui signifie exactement la même chose.

Et cette circonstance, n'est-elle pas ce qui donne à leur jugement le plus de poids? Sur une simple imitation de traits, quelquefois des Experts peuvent se tromper. Mais pour juger d'un contretirement, il n'est pas même besoin du secours de l'art. Un compas à la main, l'homme le moins éclairé portera un jugement infaillible; & lorsqu'il trouvera huit signatures *parfaitement conformes en largeur, hauteur & distance des lettres*, il conclura avec certitude que le hasard ne donne point une uniformité si parfaite, & qu'il n'y a que le *contretirement à la vitre*, sur une signature prise pour modele, qui puisse faire atteindre à cette ressemblance absolue.

Il est vrai que les accusés ont varié à cet égard d'une maniere bien étrange. Tandis que Benavent, pour s'autoriser à conclure que M. le Maréchal *avoit fait faire deux griffes d'argent à Bordeaux, affirmoit* (2) *qu'en compassant les signatures les unes sur les autres, elles se trouvoient parfaitement conformes entr'elles chacune dans leur espece, de maniere à voir par-tout la même hauteur dans les lettres, la même distance entr'elles & la même largeur dans les signatures*, Védel, de son côté, prétendoit *avoir démontré aux Experts, le compas à la main, que la con-*

---

1) Observations sommaires, page 4.

2) Page 5, de sa requête à fin d'appel & de prise à partie.

formité par eux prétendue n'existoit pas (1). Ainsi l'un détruisoit la possibilité de la griffe, par la non-conformité, & l'autre par cette exacte conformité, avouoit le contre-tirement. Ces étranges contradictions n'ont donné qu'une nouvelle force au témoignage des Experts.

Le faux des lettres & billets argués par M. le Maréchal de Richelieu est donc démontré, ou rien ne sera jamais prouvé. Nous n'en dirons pas davantage sur ce point; nous en avons même trop dit : il y a long-tems que cette premiere question n'est plus un problême, & l'on se rappelle que long-tems avant le rapport *des deux Experts* nommés par la Cour, & avant la découverte du jugement porté par *les trois Experts* choisis par l'Abbé de Villeneuve & par Védel, Madame de Saint-Vincent, convaincue du faux par le jugement des premiers Experts, & plus encore par le sentiment de son crime, s'écrioit : *Qu'importe la vérité ou la fausseté intrinseque & des lettres & des billets? Je consens que M. le Maréchal de Richelieu reprenne ses billets. Le procès se réduit à ce point unique, Madame de Saint-Vincent a-t-elle fait les lettres & billets, ou ne les a-t-elle pas faits?* VOILA LA QUESTION (2).

Renfermons-nous donc aussi dans cette unique question :

QUEL EST L'AUTEUR DU FAUX?

Est-ce M. le Maréchal de Richelieu? Etrange problême! Non, M. le Maréchal ne se dégradera pas lui-même au point de se défendre d'une imputation si méprisable. N'est-il pas l'accusateur? Et de quel droit les accusés veulent ils lui faire aban-

1) Page 53 & 97 de son analyse du procès.
2) Mémoire intitulé Réponse, page 10 & 73.

donner ce poste ? La Cour elle-même l'y a maintenu jusqu'à présent. Loin d'y renoncer, il va s'y affermir, en prouvant, en démontrant que les auteurs du faux sont ceux-là mêmes qui osent lui demander *si le faux ne seroit pas par hasard émané de l'Hôtel, d'où, selon eux, ont été envoyés les lettres & les billets.*

Arrêtons-nous cependant un moment & déterminons d'abord quelle preuve on peut exiger de lui.

Veut-on qu'il produise des témoins qui aient vu Madame de Saint-Vincent & le sieur Védel son principal complice *contre-tirer* les signatures & travailler à l'*imitation*, à la contrefaction d'écriture ? Peut-être arrivera-t-il bien près de ce genre de preuve. Mais il faut pourtant convenir qu'on n'a pas le droit de l'exiger de lui. Que l'on consulte tous les Auteurs qui ont écrit sur cette matiere, ils décident tous que le *faux* étant par sa nature un crime occulte, il faut y appliquer la disposition de l'Ordonnance, qui veut que les procès criminels puissent être quelquefois jugés *sans information, s'il y a d'ailleurs preuves suffisantes par les interrogatoires ou par pieces authentiques ou reconnues par l'*ACCUSÉ ET PAR LES AUTRES PRÈSOMPTIONS ET CIRCONSTANCES DU PROCÈS (1).

Il y a en effet des *circonstances* & des *présomptions* qui sont quelquefois d'une telle force, quelles l'emportent même sur la preuve testimoniale. Le savant Auteur du Traité de la Justice Criminele (2), met au rang de ces présomptions, *la mauvaise réputation de l'accusé, l'habitude qu'il a de commettre le faux, l'intérêt & l'avantage qu'il veut tirer de la piece fausse.* Mais ni lui, ni aucun Auteur, n'ont eu l'idée du nombre &

(1) Ordonnance de 1670, titre du faux.
(2) Me Jousse, Tome 3, titre du faux.

de la nature des preuves qui se réunissent contre Madame de Saint-Vincent. L'analyse de ces preuves instruira mieux que toutes les maximes générales qu'ont pu enseigner les Criminalistes. Entrons dans le détail.

I°.

Habitude du Faux.

La fausseté des billets est l'ouvrage de Madame de Saint-Vincent, s'il est prouvé qu'elle est *une faussaire d'habitude.* Or, voici ce qui doit être établi au procès; nous ne ferons que crayonner les faits.

1°. Pour se rendre importante à la famille du Comte de Montal, qui est nombreuse & considérable à Milhaud, & dont la sœur est maintenant Abbesse de l'Arpajony, Madame de Saint-Vincent, a supposé, pendant près d'un an, des lettres relatives à un projet de mariage pour le *Comte de Montal*, frere de cette Abbesse; sa manœuvre fut enfin découverte, toute la ville de Milhaud en retentit, & les gens honnêtes cesserent de la voir (1).

2°. Il doit être également prouvé au procès, qu'elle entretint pendant un an, une fausse correspondance pour amuser le Comte de *Castelnau*, & lui persuader que M. de Saint-Vincent lui donneroit sa fille en mariage (1).

3°. Perdue de dettes dans la même ville, & poursuivie par ses

1) Déposition du sieur Gaujal Gentilhomme de Milhaud.

Lettre de Madame de Saint-Vincent au sieur Combette, écrite de Milhaud le 7 Mars 1769.

On y lit entre autre chose, » M. de Montal a été furieux parce que » nous lui avons fait une plaisanterie qui étoit *de lui écrire une lettre comme si elle venoit de Marseille.* Il a soutenu par toute la ville que je n'a» vois jamais eû aucune lettre de M. de Richelieu, *que je les composois*....... » Je suis malade d'avoir essuyé un pareil chagrin........., *ne parlé pas » de tout ceci à personne, que rien ne revienne dans le pays.*

2) Déposition du sieur Gaujal.

créanciers, elle conçoit le projet de les payer aux dépens de M. le Maréchal ; elle imagine en conséquence, & répand par tout, que sa mere en mourant lui a fait un legs de 10000 liv., qui doit lui être incessamment payé ; & pour mieux assurer le succès de cet artifice, elle fabrique un *effet* du montant de ce prétendu legs, qu'elle adresse à Paris, à un émissaire affidé, pour être présenté à M. de Richelieu (1). Il eût fallu connoître alors les talens de la faussaire, pour pouvoir se garantir de ce piege. M. le Maréchal se borna à inviter le sieur des Angles, d'aider de ses bons offices Madame de Saint-Vincent auprès de ses créanciers.

La chimere de cet effet de 10000 liv. s'évanouit à son échéance, & le sieur des Angles, qui sur la foi du legs supposé, s'étoit engagé pour la somme de 7270 livres, poursuivi par les créanciers, a été forcé de la payer de ses propres deniers. Croiroit-on que Madame de Saint-Vincent n'en a pas moins nié dans ses Ecrits imprimés, qu'elle dût au Sr des Angles; & que mettant ses propres engagemens sur le compte de M. le Maréchal, elle a osé avancer qu'à son défaut elle avoit fait passer au Sr des Angles une partie de la somme ? La fausseté de ces faits a été avouée à la confrontation par Madame de Saint-Vincent elle-même, & prouvée par ses lettres que le sieur des Angles a produites. Madame de Saint-Vincent a avoué encore devant MM. les Commissaires qu'elle lui avoit les plus grandes obligations, qu'elle lui devoit la somme énoncée, & qu'elle le paieroit *lorsqu'elle le pourroit* (3). Mais oubliant bientôt les justes éloges quelle avoit donnés à la générosité du sieur des Angles, & aux impor-

1) Voyez la déposition du sieur des Angles & les lettres de Madame de Saint-Vincent qui y sont annéxées.

2) Voy. les dép. récol. & confr. du sieur des Angles, & les lettres ci-dessus citées.

tans ſervices qu'il lui avoit rendus, Madame de Saint-Vincent s'eſt attachée dans ſes nouveaux Ecrits, à le calomnier & le charger d'outrages, enſorte que toujours égarée par les vices de ſon cœur, après l'avoir eſcroqué ſur un faux titre, après avoir dérangé ſa fortune, elle finit par le diffamer (1).

4°. N'ayant plus de crédit dans cette ville, *elle contrefit l'écriture de la Dame Deſroles*, d'autres Religieuſes & Penſionnaires de l'Abbaye, & ſe fit fournir des marchandiſes par le nommé *Favre, Marchand à Milhaud*, qui s'adreſſant enſuite aux perſonnes dont elle avoit emprunté le nom, apprit que c'étoit une filouterie de Madame de Saint-Vincent(2). On aſſure qu'à ſa confrontation avec ce Marchand, loin d'éprouver cette honte, que la manifeſtation du crime imprime ſouvent ſur le front des coupables, Madame de Saint-Vincent a dit que ce faux n'étoit qu'une plaiſanterie, à laquelle le beſoin l'avoit engagée, & qu'elle la réitéreroit toutes les fois qu'elle ſe trouveroit en pareilles circonſtances, & qu'elle pourroit en tirer parti. MM. les Commiſſaires ont dû être témoins de cette ſcene vraiment nouvelle.

5°. A Poitiers elle en a fait autant pour obtenir du ſieur Nerbonneau une piece d'étoffe; elle contrefit la ſignature de la Prieure (3).

6°. Elle a fait à un nommé Canron, *des propoſitions qui lui firent horreur & qui l'auroient infailliblement conduit à la corde* (3); &

1) Le Sr des Angles n'eſt pas la ſeule victime qu'elle ait immolée à l'eſpoir d'affoiblir les témoignages élevés contre elle. Mais tout le monde connoît la rage impuiſſante d'un coupable contre tous ceux qui, pour obéir à Juſtice, ſont obligés de rendre hommage à la vérité.

2) Dépoſition du ſieur Favre.
Récolement du ſieur Deſangles.
Dépoſition de Nerbonneau & de la Demoiſelle Auvray.

3) Dépoſition du ſieur Gually, du ſieur de Combette, de la Demoiſelle de Vandebergh.

ces propofitions étoient de faire de fauffes lettres & de faux billets.

7°. Par nombre de lettres, elle a cherché à faire accroire au fieur Vedel, qu'elle étoit en relation avec le fieur Peixotto, & qu'elle lui écrivoit, lorfqu'elle ne lui écrivoit pas ; elle fefoit écrire par différentes perfonnes des lettres qu'elle préfentoit à Vedel comme écrites par le fieur Peixotto (1).

8°. Mais c'eft fur-tout depuis fes premiers rapports avec M. le Maréchal de Richelieu, qu'elle s'eft plu à multiplier les fauffetés & les faux.

Elle fe fait prêter par le fieur Honoré Antoine, Médecin à Milhaud, 1000 liv, & pour remerciement, elle lui envoie une lettre qu'elle fuppofe être de M. le Maréchal, dans laquelle il lui promettoit *une place dans les Hopitaux Militaires*, & la protection la plus décidée. Le Médecin compare cette lettre avec une lettre que M. le Maréchal avoit écrite au Corps Municipal : & à la feule vue, il découvre la fauffeté de celle qu'il a fi généreufement obligée (2).

9°. Elle amufe & trompe de même la Dame de Mailhan, en lui envoyant une lettre prétendue de M. le Maréchal, par laquelle il promettoit à fon mari un brevet de Colonel (3).

10°. A Milhaud, elle fait faire par le fieur Allerie Orfevre, un cachet aux *armes de Richelieu.*

Ce fait doit être prouvé par la nouvelle information. Un religieux Carme, qui fut chargé de cette commiffion par Madame de St-Vincent, a dû fe rappeller que le cachet dont il donna l'empreinte à l'Orfevre portoit celle du manteau Ducal, des bâtons

1) Article 45 & 47, de fon interrogatoire.
2) Voyez fa dépofition.
3) *Vide* La lettre dépofée par la Dame de Mailhan.

de Maréchal de France, & de la Croix de Chevalier des Ordres. L'Orfevre a dû indiquer la même empreinte, qui dénote nécessairement les armes de M. de Richelieu, à moins qu'on ne prouve que Madame de Saint-Vincent ait eu des relations avec un autre Maréchal de France, Duc & Pair, & Chevalier des Ordres. Si cet Orfevre ne s'est pas rappellé le détail de l'*Ecusson*, c'est qu'un intervalle de sept ans le lui a fait oublier. On pourroit attribuer à la même cause, la déclaration faite par le religieux, qu'il y avoit *une tête dans l'écusson*, si l'on n'étoit pas instruit que dans l'intervalle du récollement à la confrontation, dans laquelle il a ajouté cette circonstance à sa déposition, il fut conduit chez Madame de Saint-Vincent, avec laquelle il a été depuis cet instant parfaitement d'accord. Mais il en reste assez de l'une & de l'autre déposition, réunies sur-tout à celle du sieur des Angles, pour que le fait de ce *faux cachet* demeure pour constant (1).

11°. Madame de Saint-Vincent reçut au même endroit de M. le Maréchal de Richelieu, qui ne la connoissoit encore que par relation de Lettres, & qui ne l'a vue pour la premiere fois de sa vie que deux ans après, une rescription de 3000 livres. Elle contrefit *à la vitre* la signature *du sieur Bégon* qui étoit sur cette rescription, & elle fit deux autres rescriptions, l'une de 30,000 livres (2), l'autre de 18,000 livres (3).

12°. Une foule de témoins a dû déposer l'avoir vue fréquemment

1) Déposition, récollement & confrontation de l'Orfevre, du Pere Grand-Girard Carme, & du sieur des Angles.

2) Déposition de la Demoiselle de Saint-Victor, du sieur Gaujal, & du sieur Desangles.

3) Déposition du sieur Dure.

contretirer

contre-tirer des écritures à la vître (1).

D'autres ont dû *la voir contre-tirer la ſignature de M. le Maréchal de Richelieu: & la contre-tirer ſi parfaitement, que les témoins eux mêmes y étoient trompés* (2).

D'autres *l'ont vue contre-tirer des Lettres entieres de M. le Maréchal à la vitre*, & pour ajuſter ces Lettres à ſes projets, *prendre un mot dans une Lettre, un mot dans une autre, & former ainſi une ſuite de diſcours* (3).

D'autres enfin auront ſans doute dépoſé *que l'opinion de toute la Ville de Milhaud étoit qu'elle avoit le talent de contrefaire toutes les écritures, & ſur-tout celle de M. le Maréchal* (4).

Si tous ces faits ſont prouvés au procès, comme on croit pouvoir l'aſſurer, reſtera-t-il quelque doute ſur la queſtion de ſavoir quel eſt l'auteur du faux reconnu des douze billets dont il s'agit? La préſomption générale eſt que celui-là, a commis le crime, à qui le crime a dû profiter: *is fecit ſcelus, cui prodeſt*. Mais cette préſomption ſe change néceſſairement en preuve, lorſqu'outre la raiſon d'intérêt il eſt prouvé que l'accuſé eſt un *fauſſaire d'habitude;* fauſſaire dans *l'eſpece du faux argué* qui eſt un *contre-tirement à la vitre*; & fauſſaire enfin

---

1) Dépoſitions de la Dame Rey de Milhaud, de Gabriel Renée-Victoire de la Godiniere, de la Prieure du Couvent, & de Gabrielle Roſe, Métayer de Poitiers. Voyez auſſi la dépoſition du ſieur des Angles.

2 Récolement du ſieur des Angles, dépoſition de la Demoiſelle de Saint-Victor de Milhaud.

3) Dépoſitions de la Demoiſelle de Saint-Victor; de la Dame de la Martiniere de Poitiers.

4) Dépoſition de M. Gaujal.

dans le rapport à la même personne dont la signature a été contrefaite.

Mais ce n'est-là que le début de nos preuves : ce ne sont-là que les premiers essais de Madame de Saint-Vincent. Avançons. Les faits qui suivront seront plus directs aux billets mêmes.

I I.

Faussetés & contradictions de Madame de Saint-Vincent sur le motif & la cause des billets.

Si la cause donnée par Madame de Saint-Vincent aux prétendues libéralités de M. le Maréchal de Richelieu est évidemment fausse, si Madame de Saint-Vincent n'a cessé de varier, de se contredire, & d'en imposer à Justice sur ce point, ce sera certainement une nouvelle preuve que c'est elle qui est l'auteur du faux.

Or ces variations, ces contradictions, ces mensonges doivent être prouvés au procès.

On a d'abord allégué d'après elle & ses complices, que les billets avoient pour cause un *prêt fait par le pere de Madame de Saint-Vincent à M. le Maréchal de Richelieu lorsqu'il se rendit à Minorque* (1). On a depuis désavoué cette fable.

Ensuite Madame de Saint-Vincent a dit que les dons de M. le Maréchal n'étoient *qu'une portion de bénéfice dans une affaire qu'il avoit procurée au sieur Peixotto* (2). Cette allégation a été pareillement abandonnée.

---

1) Interrogatoire de Rubit, déposition du sieur Guinot.

2) Madame de Saint-Jean, le sieur Dumas. Lettres de Madame de Saint-Vincent au sieur Védel, trouvées sous les scellés de la veuve Leroi.

L'Abbé de Trans s'étoit laiſſé perſuader par Madame de Saint-Vincent que les bienfaits de M. le Maréchal *étoient une ſuite des offres de ſervice que M. le Maréchal avoit faites à M. de Vence*; & il en avoit été pleinement convaincu *à la lecture d'une Lettre de M. de Vence, que Madame de Saint Vincent lui avoit montrée l'hiver précédent* (1). Tout cela n'étoit encore qu'un menſonge.

Dans ſa Requête *à fin d'apport des minutes* (2) Madame de Saint-Vincent a oſé avancer que M. le Maréchal avoit *exigé de la Ville de Bordeaux cent mille écus pour s'acquitter des promeſſes qu'il lui avoit faites*; & c'étoit une autre impoſture.

Dans ſon Mémoire intitulé *Réponſes*, à la fin duquel elle a imprimé les noms de tous ſes parens réclamants pour elle, voici ce qu'elle raconte elle-même (3).

» Peut-être Madame de Saint-Vincent devoit-elle recevoir » la valeur de ces billets ſans qu'il en coutât rien à M. le Maréchal; peut-être que ſa ſignature étoit la clef & non la ſource » de cette valeur. Peut-être même que cette maniere de donner » étoit pour M. le Maréchal une maniere de s'enrichir, & que » plus il multiplioit les ſignatures & les billets, plus il augmentoit ſa fortune & ſes tréſors : peut-être... Que de peut-» être ſont capables d'avoir engagé M. le Maréchal à donner » ces billets à Madame de Saint-Vincent ».

Son Réſumé général, art. 2, page 14, donne aux billets une cauſe encore plus bizarre.

« Nous ſera-t-il permis de rapporter une Lettre (de Ma-

1) Interrogatoire de l'Abbé de Trans, article 11.

2) Page 3.

3) page 75.

» dame de Saint-Vincent au ſieur Vedel, qui pourra bien don-
» ner le mot de l'énigme des billets, & révéler leur origine.
» *J'ai reçu*, y dit-elle, *une Lettre de M. le Maréchal ; il me*
» *parle de mes affaires, & promet qu'elles ſeront décidées à Fon-*
» *tainebleau ; & il n'y a*, dit-il, *que le Roi, M. de la Vrilliere*
» *& moi qui en ayons connoiſſance : il me fait tout eſpérer du*
» *premier au 12 Octobre. Dieu le veuille* ». Nous nous abſte-
» nons de toute réflexion ſur cette Lettre ».

Nous, nous n'en ferons qu'une ; c'eſt que cette ſixieme variante ſur l'origine & le motif des billets étoit une ſixieme fauſſeté de Madame de Saint-Vincent.

Mais nous ne ſommes pas au bout de ces contradictions.

Benavent (1) a été un de ſes confidens intimes. Comme tous les autres, il a été curieux de connoître la cauſe d'une munificence ſi ſinguliere. Que lui a-t-elle dit ? *que M. le Maréchal lui avoit donné ces billets pour l'indemniſer de toutes les dépenſes qu'il lui avoit occaſionnées en l'attirant ſucceſſivement de Milhaud à Tarbe, de Tarbe à Poitiers, de Poitiers à Paris.* Le ſieur Vedel s'eſt fixé auſſi à ce motif qui lui a paru d'abord le plus vraiſemblable. Mais & Vedel & Madame de Saint-Vincent ont été convaincus de menſonge, d'abord par la Lettre de celle-ci au *ſieur de Combette* du 7 Mars 1769, par laquelle elle le ſupplioit *de peindre à M. de Richelieu tout ce qu'elle ſouffroit à Milhaud, & combien il étoit néceſſaire qu'elle changeât d'air* : enſuite par la dépoſition du ſieur des Angles, qui doit avoir déclaré qu'*il dreſſa à la priere de Madame de Saint-Vincent, un placet très-preſſant à M. le Duc de la Vrilliere, pour l'engager à lui faire obtenir*

(1) *Vide* ſon interrogatoire.

la révocation de la lettre de cachet qui la retenoit à Milhaud ; puis par les Lettres de M. l'Evêque de Tarbe des 5, 10, 20 & 26 Avril 1771, qui prouvent *que c'étoit elle qui demandoit à être transférée de Tarbes dans un autre lieu*, déclarant qu'elle ne pouvoit *ni ne vouloit y rester*, & que ce fut M. de Saint-Vincent qui écrivit à cet Evêque pour le prier d'*offrir* à sa femme le Couvent de Poitiers ; enfin par les Lettres de Madame de Saint-Vincent, & son interrogatoire qui déposent que c'est d'elle-même, d'accord avec Vedel, & à l'insçu de M. le Maréchal de Richelieu, qu'elle a quitté son Couvent de Poitiers. *J'aurai*, lui disoit-elle dans une de ses Lettres, *le plaisir d'aller avec toi à Paris ; il est vrai que je n'y pensois pas. Tu m'a surprise hier ne pensant plus à notre voyage.*

On a encore donné une huitieme cause à ces billets ; elle vaut bien les autres. C'est cette *paternité* fameuse mise en avant, soutenue d'une Lettre fausse, rétractée ensuite : nous en parlerons ailleurs avec quelque détail. Il suffit d'observer ici qu'il ne reste plus de cette derniere fable, qu'une nouvelle preuve du génie imposteur de Madame de Saint-Vincent.

Lors donc qu'il est prouvé que les billets sont faux, n'est-il pas évident que celle-là est l'auteur du faux, qui pour les soutenir & leur prêter quelque apparence de vérité, a entassé mensonges sur mensonges, a erré au milieu de mille faussetés, & n'a cessé de varier soit dans ses confidences, soit dans ses déclarations judiciaires?

III.

Fausseté des libéralités prouvée par la conduite habituelle de M. le Maréchal de Richelieu avec Madame de Saint-Vincent.

On sera convaincu de plus en plus que Madame de Saint-

Vincent eſt l'auteur du faux, ſi l'on veut rapprocher de la profuſion énorme, objet de ce faux, la conduite de M. le Maréchal de Richelieu depuis ſa premiere liaiſon avec Madame de Saint-Vincent.

Pour la premiere fois de ſa vie, M. le Maréchal de Richelieu lie, vers l'année 1759, un commerce de lettres avec Madame de Saint-Vincent. C'eſt elle qui en fait naître l'occaſion : elle elle lui écrit fréquemment ; elle tâche de l'intéreſſer par ſes malheurs : elle cherche tous les moyens de l'engager à s'occuper d'elle. Cependant, malgré ce commerce de lettres, M. le Maréchal va à Rhodès vers ce même tems-là ; & quoique preſque aux portes de Milhaud, il ne lui vient pas ſeulement dans l'idée d'aller viſiter Madame de Saint-Vincent : ce n'eſt qu'au bout de dix ans, en 1769, qu'elle en reçoit un ſecours de 3000 liv. Lorſqu'elle a obtenu la liberté de ſortir de Milhaud, elle lui écrit que des dettes l'y retiennent ; il ne lui répond pas ; il faut qu'elle invente un prétendu legs de 10000 livres porté en ſa faveur au teſtament de ſa mere, pour le décider à engager le ſieur des Angles à répondre de ſes dettes envers ſes créanciers (1). Le ſieur des Angles eſt preſſé par les créanciers de payer ; elle a encore inutilement recours à M. le Maréchal, & le ſieur des Angles eſt réduit à payer lui-même (2). Enfin elle arrive à Poitiers ; c'eſt le lieu de leur premiere entrevue ; ils s'y voient quatre fois en deux ans (3), & à une de ces viſites M. le Maréchal *lui fait préſent d'une petite tabatiere*

---

(1) *Vide* ſa lettre au ſieur des Angles dans les Pieces juſtificatives.

(2) *Vide* les lettres de Madame de Saint-Vincent, jointes à la dépoſition du ſieur des Angles & ſa requête afin d'appel & de nullité, pag. 8 & 9.

(3) Interrogatoire de Madame de Saint-Vincent.

d'or (1). Elle vient à Paris; M. le Maréchal laisse passer quinze jours sans l'aller visiter & *il l'abandonne*, a-t-elle dit elle-même, *à un troisieme étage, mourant de faim & ne vivant, elle & sa femme de chambre, que de pain & d'eau* (2). A l'époque même où elle place le don du mandat de cent mille écus, elle avoue n'avoir pu tirer de lui qu'un modique secours *de six louis d'or qui lui sont donnés, après les avoir demandé comme par charité* (3). Elle le prie de payer ce qu'elle redoit sur son appartement à Poitiers, & elle ne peut obtenir de lui ce léger bienfait (4). Elle va chez Buffaut acheter des étoffes, & pour avoir crédit, elle se renomme de M. le Maréchal de Richelieu, qui lui en fait les plus vifs reproches (5).

D'un autre côté quelle intimité voit-on régner entr'eux? *Vedel* convient que Madame de Saint-Vincent n'alloit chez M. le Maréchal que *quand il étoit prévenu* (6). Dans toute l'année 1773 elle ne s'est pas présentée une seule fois chez M. de Richelieu. En 1774 *on ne l'y a vue que trois ou quatre fois à l'heure de midi, toujours accompagnée d'autres Dames*. Jamais elle n'a mangé chez lui; jamais elle n'a vécu en société avec lui. Plusieurs fois elle envoye Canron chez M. le Maréchal *pour lui parler de ses affaires*, & Canron a dû dire qu'il étoit *toujours très-mal accueilli* (7). Elle emploie également la médiation du sieur

1) Requête afin d'appel & de nullité, page 8 & 9.
2) Premier interrogatoire, page 6.
3) Premier interrogatoire, article 22.
4) Article 4 de son interrogatoire. Requête d'appel & de nullité.
5) Article 24, du premier interrogatoire.
6) Premier interrogatoire, article 21.
7) *Vide* son récollement & la déposition du sieur Combette.

de Combette, & ce Magiſtrat a dû atteſter à la Juſtice *qu'il n'avoit pas eu le ſuccès qu'il attendoit de ſes demandes pour Madame de Saint-Vincent* (1). Le ſieur Doumain a dû dire auſſi qu'ayant vu deux ou trois fois Madame de Saint-Vincent au Couvent de la Miſéricorde, elle lui témoigna ſon déſeſpoir de ce que M. le Maréchal l'abandonnoit, *quoiqu'elle manquât de tout*, *& de ce qu'elle n'en pouvoit avoir d'argent* (2). Enfin tous les domeſtiques, tous les gens de M. le Maréchal de Richelieu ont dû dépoſer que ſa porte étoit *habituellement défendue pour Madame de Saint-Vincent* : ils ont dû ajouter, qu'un jour Madame de Saint-Vincent ayant dit au Suiſſe que M. le Maréchal lui avoit mandé de le venir trouver, ce Suiſſe fut prendre les ordres de ſon maître, qui lui dit *qu'elle en avoit menti* (3). Pour ſoutenir ce prétendu rendez-vous, elle montra une fauſſe lettre de M. le Maréchal à ſes gens (4).

Madame de Saint-Vincent veut perſuader que tous ces témoins ſont des impoſteurs ; qu'ils ont été ſéduits ou ſubornés. Elle a raiſon de le prétendre ; car s'ils ont dit vrai, toutes ces dépoſitions ſont autant de preuves que le don de 425000 liv. qu'elle réclame n'a jamais pu émaner d'un ami ſi négligent, ſi indifférent, & que ce don prétendu n'a été fabriqué que par elle.

IV.

Faux prouvé par les variations ſur le montant des ſommes données & le nombre des billets.

Une nouvelle preuve *de cette fabrication*, commiſe par

1) *Vide* ſa confrontation avec Madame de Saint-Vincent.

2) *Vide* ſa dépoſition.

3) *Vide* les dépoſitions, notamment celle du Suiſſe.

4) *Vide* ſa dépoſition *Ibid.*

Madame

Madame de Saint-Vincent, se tire des variations qui lui sont échappées au sujet du montant des libéralités de M. le Maréchal.

Elle s'est vantée au sieur *de Combette* que M. le Maréchal lui avoit fait accorder une pension de 4000 liv. (1) ; à Catherine *Garnier*, que M. le Maréchal lui avoit promis 40000 liv. (2) ; à la Dame Nachet, qu'elle lui paieroit ses fournitures sur une somme de 12000 liv. qu'elle devoit recevoir de ce même bienfaiteur (3) ; à Vedel, que M. le Maréchal avoit fait déposer chez un Procureur une somme de 45000 liv. qu'elle devoit toucher incessamment. Elle a répondu à la quatrieme question de son interrogatoire, que par des lettres, M. le Maréchal de Richelieu lui avoit promis, en premier lieu 45000 liv. puis 100000 liv. puis 145000 liv. puis 200000 liv. & enfin 245000 liv.

Mais qui pourra justifier Madame de Saint-Vincent de n'avoir pu dire, au moment de la découverte des billets, combien il en existoit, & de n'en avoir déclaré que pour une somme de plus de moitié moindre que celle qu'elle a depuis réclamée ?

Elle n'en a déclaré à M. de Sartine que pour 200000 livres, & elle lui a ajouté, *que s'il y en avoit pour une plus grande somme elle ne les reconnoissoit pas* (4). Elle a nié depuis cet aveu ; mais sa dénégation ne balancera pas sans doute le témoignage du Magistrat qui étoit alors chargé de la Police de Paris.

---

1) *Vide* sa déposition.

2) *Vide* sa déposition.

3) *Vide* sa déposition.

4) La huitieme question de son interrogatoire, prouve ce fait.

Interrogée ſur le nombre des billets, *elle a dit qu'il y en avoit ſept, huit ou neuf de différentes ſommes* (1).

Le ſieur Guinot, inſtruit par Rubit, n'en a déclaré de même au ſieur Marion que pour 200000 liv.

Rubit a avoué à l'Inſpecteur de Police, que Vedel & Benavent lui en avoient accuſé pour la même ſomme.

On s'étonne peut-être qu'un fauſſaire ait été ſi peu affermi dans ſon crime ; mais cette incertitude même & ces variations éternelles ſont le fruit inſéparable du trouble qui l'accompagne ſans ceſſe.

V.

Fauſſeté de Madame de Saint-Vincent prouvée par la fabrication même des billets.

Paſſons à la fabrication des billets : c'eſt ici un des points les plus importans du procès ; il faut remonter juſqu'à ſon principe pour la mieux développer.

Ce faux s'eſt préparé de loin & il eſt né de mille autres faux.

Madame de Saint-Vincent, preſſée par de continuels beſoins, que ſon goût pour la dépenſe multiplioit ſans ceſſe, cherchoit les moyens de les ſatisfaire. Elle avoit apporté de Milhaud le *cachet* de M. le Maréchal qu'elle y avoit fait faire ; elle en avoit apporté le talent de *contrefaire les écritures* ; & ſur-tout celle de M. le Maréchal & ſes ſignatures. Elle avoit enfin en ſa poſſeſſion pluſieurs lettres de M. le Maréchal, qu'elle gardoit précieuſement pour lui ſervir de modele. Déja elle avoit fait l'eſſai de ſes forces en contrefaiſant la ſignature appoſée à la reſcription de 3000 liv. Mais elle n'avoit pu faire uſage de cette

1) Premier interrogatoire, article 40.

refcription, foit que la contrefaction ne fût pas affez bien exécutée, foit qu'elle redoutât l'effet *de l'opinion établie à Milhaud, fur fon talent de contrefaire des écritures.*

A Poitiers elle s'étoit liée avec le fieur Vedel, auffi preffé qu'elle par le befoin. Ce fut un motif de plus pour elle de tenter la fortune. Mais ce lieu ne lui offroit pas encore le théatre néceffaire à l'exécution de fes projets; il n'y avoit qu'une grande Ville où elle pût hafarder avec quelque fuccès fon entreprife : le crime peut y refter long-tems caché fans être découvert : on y vit fans être connu, fans être fufpecté. *Paris, c'étoit-là le terme de fes malheurs dans le fecret de fes deftinées.* (Lettre à Vedel). Mais comment y arriver; comment tromper la vigilance d'une famille, fe fouftraire à un ordre du Roi, fe tranfporter feule dans un pays étranger pour elle, & où elle ne connoiffoit perfonne ? Il lui falloit le fecours d'un homme hardi, entreprenant, d'un homme tel que le fieur Vedel.

Ce fut-là le plan que conçut Madame de Saint-Vincent à Poitiers. Pour tromper d'abord le fieur Vedel, elle mit en ufage le talent qu'elle avoit acquis de contrefaire l'écriture de M. le Maréchal : fon cachet lui fut auffi d'un grand fecours, elle étala à fes yeux les prétendues promeffes de M. le Maréchal; elle *vouloit que fon Major fût riche, heureux & tranquille, parce que perfonne n'étoit plus digne que lui de la fortune.* Par *de petits préfens elle l'accoutumoit à attendre de grandes chofes.* Toutes les pieces faifies fur la veuve Leroy font remplies de pareils traits que Madame de Saint-Vincent écrivoit fans ceffe au fieur Vedel. Pendant ce même tems elle l'amufoit de la fauffe correfpondance du fieur Peixotto; chaque jour ce Banquier devoit arriver pour lui compter cent mille écus. Mais Peixotto ne vint pas; les promesses ne se réalisèrent point. Vedel prit des soupçons. Alors Madame de Saint-Vincent franchit le pas; elle lui avoue que la *correspondance de Peixotto est fausse*; elle lui avoue aussi sans doute que celle de M. le Maréchal n'étoit que supposée; car l'une ne pouvoit être fausse, sans que l'autre le fût. Ce fut aussi sans doute alors que Vedel effrayé, voulut l'effrayer à son tour sur les suites de son entreprise: elle lui répondit le lendemain par cette phrase énergique.

Oh! que nous étions laids, & cette grimace de PENDU DONT TU ME MENAÇA *nous porta malheur; j'aimerois mieux l'être pendue moi-même que de te voir avec un air si indifférent.*

Il est bien clair que le sieur Védel s'accoutuma à cette *laideur*, puisqu'au lieu de rompre avec une telle femme, ses liaisons avec elle devinrent de plus en plus étroites, & qu'elles n'ont jamais cessé depuis.

Enfin, il se détermina lui-même à venir à Paris, & dès ce moment il se livra à toutes ses idées; il adopta tous ses projets; il se lia avec elle par le desir de s'enrichir. *Tu seras heureux, lui écrivoit-elle, & j'aurai le plaisir d'aller avec toi à Paris. Il est vrai que je n'y pensois plus.* (C'étoit donc lui qui l'y faisoit penser). *Tu m'as surprise hier, ne pensant plus à notre voyage, parce que je me sus entichée de cet argent,... Ce qui rend*, lui écrivoit-elle dans un autre billet, *mon impatience impatiente, c'est le desir de te plaire, l'envie de m'en aller à Paris avec toi, & puis de vous ôter des arrêts* (1).

Cependant elle hésita encore quelque tems. *J'ai un terrible*

1) Pieces saisies sur la femme Leroi.

pas à faire, lui écrivoit-elle dans une autre lettre, *je ne sais comment je m'y prendrai* (1). Mais le crime a aussi son courage. Elle s'enhardit de plus en plus dans son projet. Elle réfléchit que M. le Maréchal est âgé, qu'il ne *peut vivre plus de deux ou trois ans*. Lui seul, après tout, pourroit démêler l'imposture. Des héritiers, qui ignoreront le dégré de liaison & d'amitié qui l'unissoit avec elle, refuseroient-ils d'acquiter une dette que rien ne les portera à suspecter? Elle prend donc sa résolution. *Le mois prochain*, écrit-elle enfin à Védel, *nous ne serons pas dans les peines.... Huit jours après mon arrivée* TU AURAS DE L'ARGENT; *j'aurai fait le tour du monde pour l'attraper. Milhaud d'abord où j'ai pensé l'avoir* (2), *Tarbes, Poitiers, Paris, c'étoit-là le terme de nos malheurs dans le secret de nos destinées. Il faut y venir à ce point, & l'on tourne long-tems avant de le connoître* (3).

Elle arriva donc à Paris. Ce fut en Mars 1773. Elle s'y fait une société vraiment d'élite, c'est le sieur Védel, c'est Benavent, Carron, une Courtiere nommée Leroi, qui deviennent ses confidens les plus intimes. Elle ne leur offre pourtant d'abord *que le spectacle de sa misere effroyable. Pendant les quinze premiers jours, elle ne vit avec sa femme de chambre que de pain &*

1) Pieces saisies sur la femme le Roi.

2) On a vu plus haut le fait des deux rescriptions contrefaites à Milhaud. On seroit en état de prouver que quand Madame de Saint-Vincent arriva à Tarbes, elle tenta d'y emprunter de l'argent sur un faux effet de dix à douze mille livres, au bas duquel étoit la signature de M. le Maréchal; le mauvais succès de cette tentative a fait supprimer ce faux effet comme les deux fausses rescriptions.

3) Pieces saisies sur la femme le Roi.

d'eau (1). Mais elle a pour ſoutenir ſon courage des promeſſes magnifiques de M. le Maréchal, & bientôt (dès le mois d'Avril ſuivant) elle leur fait voir ces promeſſes réaliſées dans un mandat de cent mille écus.

L'hiſtoire de ces billets eſt aujourd'hui totalement défigurée. L'Ecrivain de Madame de Saint-Vincent en a fait preſqu'autant de Romans qu'il a fait de Mémoires. Laiſſons-là tous ces écarts d'imagination, & fixons-nous au fil que Madame de Saint-Vincent a donné elle-même de ces libéralités dans ſes divers interrogatoires. Nous ne l'interromprons point. Les réflexions viendront enſuite.

Pendant ſon ſéjour à Poitiers (2) « il s'étoit paſſé un événe- » ment entr'elle & M. le Maréchal, qu'elle ne veut pas dire, » *& qui a été le principe des promeſſes qu'il lui a faites.* Il lui » promit cent mille écus par des lettres, dont *une ſeule ſuffira* » *pour le caractériſer* (3), *Le fait eſt qu'elle coucha avec* » *lui* (4) ».

» M. le Maréchal lui écrivit de quitter furtivement Poitiers & » de venir à Paris. Elle ſe rendit au Couvent de la Miſéricorde, » où elle reſta quinze jours à mourir de faim. Le 17 ou le 25 » d'Avril, le Maréchal vient la voir; elle lui dit, donnez-moi » quelque choſe pour que je puiſſe emprunter deſſus: auſſi-tôt » il lui fait de ſa propre main & dans ſa chambre une eſpece de » billet ou mandat de cent mille écus, payable en Septembre » ſuivant (5), en ces termes:

1) Voyez ſon interrogatoire.

2) Page 6, du premier interrogatoire.

3) Article 7.

4) Article 20 du deuxieme interrogatoire.

5) Voyez la dépoſition de Madame de Saint-Jean.

» *Je prie Monſieur Peixotto de donner à Madame de Saint-» Vincent les trois cens mille livres qui lui appartiennent, dont » je le tiendrai quitte pour toujours.*

» Elle ne préſente point ce mandat au ſieur Peixotto ; elle ne » lui en parle même pas (1) ; mais elles le fait voir à un homme » d'affaires & à un Avocat, qui lui diſent qu'il ne vaut abſolu-» ment rien, & le ſieur Alléon Deſgoutes rédige un nouveau » billet & l'écrit de ſa main (2). A la fin de Mai ou au commen-» cement de Juin, elle l'envoie à M. le Maréchal, le priant de » le ſigner, & lui promettant de déchirer l'autre. M. de Ri-» chelieu eut la bonté de le ſigner quelques jours après.

» Ce ſecond mandat étoit payable en *Août ou Septembre » ſuivant.* Elle n'oſe le négocier, *parce que l'échéance étoit trop » courte.* Cette échéance paſſée, elle ſe réſout à demander à » M. le Maréchal des billets à ordre à longues échéances, afin » de ne jamais inquiéter M. le Maréchal. A cet effet, elle fait » dreſſer par le ſieur Gariſſon de la Tour un nouveau billet de » trois cens mille livres, & cinq billets chacun de ſoixante mille » livres ; elle les envoie à M. le Maréchal, *le priant de ſigner à » ſon choix ou le billet de cent mille écus, ou les cinq billets de » ſoixante mille livres* (3). Sa femme de chambre & le ſieur » Védel portent ce paquet le 12 Novembre à l'Hôtel de Riche-» lieu; le lendemain 13, un laquais de M. le Maréchal, *livrée » rouge galonnée d'argent*, rapporte un paquet contenant un » nouveau billet de cent mille écus & deux billets de ſoixante

---

1) Article 17 & 21 du premier interrogatoire, Article 64 du deuxieme interrogatoire.

2) Article 19 du premier interrogatoire.

3) Article 32 & 33 du deuxieme interrogatoire.

» mille livres chacun, tous signés, que M. le Maréchal, *par* » *un excès de générosité* (1), vouloit bien ajouter à son premier » bienfait, avec une lettre conçue en ces termes :

» *Je vous envoie, ma chere cousine, votre billet tout signé, &* » *deux. Vous paierez vos dettes avec l'un, & vous donnerez* » *l'autre à votre tiers pour le payer de ce que vous lui devez. Tout* » *ce que je vous demande, c'est de n'en vendre aucun, & de n'en* » *parler à personne d'un an.*

» A la fin de Février ou au commencement de Mars 1774, » voyant que ce billet de cent mille écus étoit trop fort pour » l'escompter (2), elle proposa à M. le Maréchal d'échanger ce » billet contre de petits billets... *Il y en avoit six ou sept* (3)... » *Il y en avoit sept ou huit ou neuf* (4). Elle fit écrire le corps » de ces billets par des Ecrivains; ne se rappelle point leur nom, » ni par qui elle les envoya chercher (5). L'Abbé de Trans en » écrivit un ; elle en fit écrire un jour un, un autre jour un » autre (6) ; elle laissa les Ecrivains les maîtres des dates & des » échéances (7); ne sait pas au reste si c'est elle ou sa femme de » chambre qui les porta chez M. de Richelieu (8); mais M. le » Maréchal les lui remit en main propre (9).

---

1) Articles 27, 32 & 33 du deuxieme interrogatoire.

2) Page 8 du premier interrogatoire.

3) Article 27 du premier interrogatoire.

4) Article 40, *Idem.* Articles 37, 38 & 39 du premier interrogatoire.

5) Articles 4, 5 & 6 du deuxieme.

6) *Ibid.*

7) Article 123 du deuxieme interrogatoire.

8) Article 35 du premier interrogatoire.

9) Article. *Ibid.*

» Au

» Au surplus, elle reconnoît que M. le Maréchal lui a donné » ces billets dans la confiance qu'elle n'en feroit pas d'usage, & » sans intention de les payer jamais (1).

» Elle convient que M. le Maréchal ne lui doit point les deux » cens mille livres de billets dont est question, mais des dédom- » magemens pour les voyages qu'elle a faits pour chercher M. le » Maréchal (2).

» Elle renonce enfin de tout son cœur à répéter le montant » des billets. Quand elle les avoit, elle les croyoit bons & les » vendoit. M. le Maréchal les lui disputant, elle les lui cede de » tout son cœur, & le prie de vouloir bien ne pas étendre sa » colere sur des personnes innocentes, qui n'ont que le tort » d'avoir vendu ses billets (3) ».

VOILA mot pour mot le récit, ou plutôt la fable grossiere que Madame de Saint-Vincent a garanti par un serment sacré. Il n'est certes aucune personne de bonne foi qui ne voie avec évidence dans tout ce narré la trace palpable du faux & de l'imposture. Mais ce n'est pas pour ces personnes que M. le Maréchal prend encore une fois la plume. C'est pour ceux qui s'abandonnant aux préjugés, aux préventions, aux inimitiés & à toutes les passions qui agitent sans cesse le cœur humain, résistent, sans doute sans le savoir & le vouloir, à la lumiere de la vérité : peut-être en leur présentant celle de l'évidence même, triomphera-t-on de leur incrédulité.

Reprenons donc le Roman de Madame de Saint-Vincent. Elle sera infailliblement convaincue d'être l'auteur du faux des billets, si tout est prouvé faux dans l'histoire qu'elle en fait.

---

1) Article 7 du premier interrogatoire.

2] Article 8 & 9, *Ibid.*

3) Article 79, *Ibid.*

1°. Le principe des billets eſt, ſuivant elle, *l'événement paſſé à Poitiers* entr'elle & M. de Richelieu; & cet événement eſt *qu'elle a couché avec lui & qu'elle eſt accouchée d'un enfant dont M. le Maréchal étoit le pere.*

Cet événement de la naiſſance de l'enfant n'eſt pas dans l'interrogatoire. Seulement il y eſt indiqué par ces mots, *une ſeule lettre le caractériſera.* En effet, une lettre fut produite par Madame de Saint-Vincent avant ſa détention & dans le premier moment de l'éclat des billets. Dans cette lettre imputée à M. le Maréchal de Richelieu & donnée comme écrite toute entiere de ſa main, on liſoit entr'autre choſe: *il faut mettre cet enfant en nourrice comme l'enfant d'un bourgeois, cela lui fera le tempérament robuſte.* Madame de Saint-Vincent montra cette lettre à M. de Sartine. Le ſieur de Maziere, Fermier Général, en prit lecture. Le Procureur de Madame de Saint-Vincent fit mieux encore. Entraîné par un effort de zele, il ſe tranſporta à Compiegne, muni de cette lettre, & il la montra à toute la Cour, & ſur-tout aux Miniſtres qu'il ſollicitoit pour qu'on rendît à Madame de Saint-Vincent ſa liberté. Tous ceux qui ont vu cette lettre, ont cru y reconnoître l'écriture de M. le Maréchal, & d'après cet *événement*, ſans doute très-extraordinaire, perſonne ne doutoit dans ce premier inſtant que M. le Maréchal *n'eût pu faire un préſent de 200,000 liv.* à Madame de Saint-Vincent. Car il eſt remarquable que juſques-là, & même juſqu'après le premier interrogatoire de Madame de Saint-Vincent, elle ni ſes confidens ne prétendoient pas qu'il y eût des billets pour une ſomme plus forte.

Qu'eſt devenu ce fait grave, ce principe des billets, *cet événement extraordinaire* préſenté, publié avec tant d'éclat & d'importance?

Ecoutons Madame de Saint-Vincent dans ſon ſecond interrogatoire.

Article 21. Dit *qu'elle n'a point eu d'enfant de M. le Maréchal, ne peut point dire ſi elle a reçu de lui une lettre relative à un enfant, a bavardé en général devant les perſonnes qu'on lui nomme :* EH ! SI JE DISOIS QUE J'AI FAIT UN ENFANT ? — *n'a point donné ordre de montrer ni publier la lettre en queſtion.*

ARTICLE 26. *Ne ſait pas quelle eſt la lettre qu'on a montrée à M. de Sartine, ni ſi elle parloit de l'enfant.*

ARTICLE 30. *A dit qu'elle eſt malade, qu'elle ne peut rien répondre quant à préſent, qu'elle ſe trouve mal, & répondra Lundi.*

Et le Lundi ?

ARTICLE 30 BIS. *A dit que la vérité eſt, qu'elle a mandé à M. le Maréchal qu'elle étoit groſſe, quoiqu'il n'en fût rien ; mais que dans aucune lettre*, LE MARÉCHAL NE LUI A RIEN MANDÉ DE RELATIF A L'ÉDUCATION D'UN ENFANT.

ARTICLE 31. On lui repréſente une copie de lettre de M. le Maréchal, envoyée par elle au ſieur Vedel, & trouvée dans les papiers ſaiſis ſur la femme Leroi, dans laquelle copie de lettre M. le Maréchal étoit ſuppoſé lui écrire : *J'ai donné ordre à Peixotto, il vous contera cent mille écus tout à la fois, je le charge de tirer les quarante-cinq mille livres qui ſont chez ce Procureur........ Vous êtes la maîtreſſe de faire de cet argent ce qu'il vous plaira..... Je vous conſeille de vous ménager des revenus pour vivre honnêtement, quand vous ſerez rendue dans un Couvent à Paris*, ET PRENDRE SOIN DE L'ÉDUCATION........ &c.

RÉPOND *qu'elle ne peut pas expliquer les lettres de M. le*

Maréchal, qu'elle reconnoît avoir reçue celle dont nous lui parlons, en a envoyé la copie au sieur Vedel, qu'il en a même vu l'original, & ne sait ce qu'il est devenu.

Enfin elle termine, article 34, par cette réponse bien digne d'elle.

A dit qu'elle convient avoir écrit toutes les folies & les extravagances ci-dessus citées, & nombre d'autres, tant à M. le Maréchal qu'au sieur Vedel; au sieur Vedel pour se rendre intéressante, & s'en faire aimer, à M. le Maréchal pour avoir de l'argent; mais jure qu'elle n'est pas accouchée.

Entre mille réflexions que tout ceci fait naître, nous nous bornerons à une seule.

Voilà deux faux prouvés, & deux faux inséparables de celui des mandats & des billets pour lequel ils ont été créés.

Le premier faux est le faux de cette lettre qui ne reparoît plus, mais qui a été colportée par l'ancien Procureur de Madame de Saint-Vincent, que ce Procureur a long-tems refusé de représenter, malgré les sommations que M. le Maréchal lui a fait faire; qui n'a été retirée à ce Procureur, que depuis que la levée des scellés apposés chez la veuve Leroi a fait découvrir la passion de Madame de Saint-Vincent pour le sieur Vedel, & les suites vraies ou fausses de cette passion; lettre enfin, que Madame deSaint-Vincent avoue ici, en disant *qu'elle n'avoit pas donné ordre de la publier & de la montrer*, que son Procureur a reçu d'elle, comme l'original écrit de la main de M. de Richelieu, qu'il lui a rendu & dont elle lui a donné décharge au bas de la copie qu'il a enfin produite, lors de sa déposition (1).

Le deuxieme faux, est celui de la prétendue copie de lettre

(1) Voyez la déposition de Lafite.

de M. le Maréchal, repréſentée à Madame de Saint-Vincent comme on vient de le voir, article 31, dans laquelle on faiſoit dire à M. le Maréchal, *Peixotto vous contera cent mille écus; ménagez-vous des revenus pour vivre, & prendre ſoin de l'éducation*, &c.

Madame de Saint-Vincent a déclaré dans ſon interrogatoire, *qu'elle n'avoit point eu d'enfant de M. de Richelieu, & qu'il ne lui avoit jamais rien mandé de relatif à l'éducation de l'enfant.* Art. 30.

Ces deux prétendues lettres relatives à l'enfant ſont donc fauſſes. Elles le ſont, quant à l'hiſtoire de l'enfant : elles le ſont auſſi quant aux cent mille écus qui devoient être comptés par Peixotto. Le don eſt une fable; la cauſe du don en eſt une autre; l'original prétendu de la lettre remiſe à Lafite eſt faux, & la copie remiſe à Vedel, étoit la copie d'un original qui n'a ni exiſté ni pu exiſter.

Et de qui procédent tous ces faux? On ne dira pas ſans doute que ces lettres ſont ſorties de l'Hôtel de Richelieu; c'eſt donc Madame de Saint-Vincent qui a fabriqué ces fauſſes lettres, qui a contrefait l'écriture de M. le Maréchal. Elle a fait ces premiers faux pour ſervir de *principe* aux libéralités: toutes ces prétendues libéralités ſont donc un faux commis par elle.

On pourroit ſe borner à une démonſtration ſi parfaite, elle frappe ſur le premier mandat, ſur le ſecond, ſur le troiſieme, ſur tous les billets; elle prouve que tout eſt fabriqué par celle qui s'exerçoit, depuis tant de tems, à contretirer à la vitre les ſignatures & les lettres de M. le Maréchal de Richelieu. Mais deſcendons dans les autres détails du Roman;

il n'y a pas une des particularités qui le composent, qui ne soit une fausseté.

2o. Madame de Saint-Vincent a dit *que M. le Maréchal lui fit quitter furtivement Poitiers*; c'est une fausseté déjà démontrée par les lettres rapportées ci-devant. Madame de Saint-Vincent est venue à la vérité, *furtivement* à Paris, mais c'est de concert avec le sieur Vedel, & à l'insçu de M. le Maréchal.

3o. *Elle resta quinze jours à Paris mourant de faim, & réduite, ainsi que sa femme de chambre, à vivre de pain & d'eau, sans que M. le Maréchal s'empressât de la voir.*

Donc M. le Maréchal ne l'avoit pas fait venir à Paris, donc il n'a jamais eu pour elle cet empressement, cette tendresse qui prodigue les bienfaits.

4o. Mourant ainsi de faim, *elle prie M. le Maréchal de lui donner quelque chose pour qu'elle puisse emprunter dessus, & il lui fait à l'instant le premier mandat de cent mille écus.*

Que cela est grossiérement imaginé! On donne à quelqu'un qui *meurt de faim*, de quoi satisfaire à ses besoins; on ne lui donne pas un effet de trois cens mille livres, *avec défense de le négocier.*

5o. Qu'est-ce que cet effet? Ce billet, ce mandat, *n'est qu'une priere à Peixotto de donner à Madame de Saint-Vincent les trois cens mille livres qui lui appartiennent.* Mais Peixotto n'a jamais eu un écu appartenant à Madame de Saint-Vincent, elle le savoit bien. Comment a-t-elle pu se contenter d'un pareil effet? Comment M. le Maréchal de Richelieu a-t-il pu avoir la pensée de le faire? Il l'a trompée, dit-elle, par *ce barbouillage*, il ne vouloit rien lui donner? Mais si cela est, comment aura-t-il pu se déterminer ensuite à revêtir ce don d'une meilleure forme? Est-on jamais ainsi contraire à soi-même?

6. Six ſemaines s'écoulent & elle ne préſente pas ce mandat à Pexiotto pour l'accepter, elle ne lui en parle ſeulement pas, elle ne cherche pas à *emprunter deſſus*. Que fait-elle donc? Elle continue de *mourir de faim* auprès de ce tréſor!

7°. Elle diſſimule dans ſon interrogatoire une circonſtance précieuſe qui ſe place ici, c'eſt qu'au lieu de faire accepter ce mandat par Peixotto ſur qui il eſt donné, elle fabrique elle-même une acceptation ſous le nom du Banquier. Un témoin digne de foi a dû en dépoſer : il a dû convenir d'avoir *eu en ſa poſſeſſion le premier mandat accepté, & de l'avoir renvoyé en recevant le ſecond mandat également accepté Peixotto* (1). Par qui cette acceptation avoit-elle été faite? Ce n'étoit pas par Peixotto : il l'a formellement déclaré dans ſa dépoſition, & Madame de Saint-Vincent eſt convenue dans ſon interrogatoire qu'elle ne lui avoit jamais propoſé de l'accepter. Ce faux a donc été fait par Madame de Saint-Vincent.

8°. Madame de Saint-Vincent & le ſieur Vedel *conſultent* ſur ce *mandat* : comme ſi Peixotto avoit refuſé de l'accepter, comme ſi M. le Maréchal avoit témoigné la volonté de ne pas le payer? Et le ſieur Alléon Deſgoutes, après avoir décidé avec raiſon que le mandat eſt dans une forme ridicule, en dreſſe un nouveau modele.

Ici encore une autre fauſſeté bien étrange. Car c'eſt ce billet écrit *de la main* du ſieur Alléon que Madame de Saint-Vincent dit avoir envoyé à M. le Maréchal pour le ſigner, & avoir été ſigné. Et cependant lorſqu'elle jure qu'il étoit de 300,000

---

1) Dépoſition de Madame de Saint Jean. Voyez auſſi l'article 57 du deuxieme interrogatoire de Madame de Saint-Vincent; il contient preſqu'un aveu de ce fait.

livres comme le premier, le ſieur Alléon-Desgoutes vient dépoſer qu'il n'étoit *que de* 20,000 *livres.* Il eſt vrai qu'au récolement tout le monde s'eſt enfin accordé.

9°. Le premier mandat écheoit au premier Septembre (1). Il y avoit peu de tems à attendre pour ſavoir s'il ſeroit payé ; c'étoit bien le cas de différer de ſix ſemaines. Mais la forme inquiete ? A la bonne heure. Le ſecond mandat ſe fait, non plus pour donner à Madame de Saint-Vincent 300,000 livres qui lui appartiennent, mais *pour payer en l'acquit de M. le Maréchal* qui cette fois *ne plaiſante plus*, & qui s'engage à acquitter cette ſomme en Août ou Septembre ſuivant.

Cependant ce mandat *en bonne forme* ne ſera pas plus ménagé, pas plus reſpecté que le premier.

D'abord il n'eſt pas préſenté au ſieur *Peixotto* ; on ne le lui fait pas accepter.

Au lieu de cette marche naturelle, Madame de Saint-Vincent fait mettre au pied de ce ſecond mandat une nouvelle acceptation. Mais il eſt à remarquer qu'au lieu que l'acceptation du premier mandat avoit été faite ſous le nom *Pechotte*, conforme à la prononciation ordinaire du nom de ce Banquier, elle fait ſigner celui-ci, du vrai nom *Peixotto* (1). Ainſi accepté, elle le remet à Madame de St-Jean à qui elle devoit quelqu'ar-

1) Dépoſition de Madame de Saint-Jean.

1) La fauſſe acceptation du premier Mandat, fut faite par Canron qui en l'avouant a déclaré n'avoir ſigné que le nom *Pechotte*, tel qu'il étoit exprimé, dit-il, dans le corps du mandat. On n'a jamais pu faire déclarer à Madame de Saint-Vincent l'auteur de la ſeconde acceptation. Ce fut ſans doute elle qui la fit. Elle prétend que cette ſeconde acceptation ne fut faite comme la premiere que ſous le nom *Pechotte*. Mais les dépoſitions des ſieurs Dumas & Julien doivent prouver que ce fut ſous le nom

gent

gent pour qu'elle lui fasse emprunter sur cet effet 24,000 livres. La Dame de Saint-Jean engage le sieur Damas, un de ses amis, à rendre ce service à Madame de Saint-Vincent. Celui-ci y consent ; il prend le mandat, en donne sa reconnoissance à Madame de Saint-Vincent, court chez le sieur Julien, Banquier, & le prie de faire cette opération. Le sieur Julien, à la vue du billet, dit au sieur Damas, *mais ce n'est là qu'une copie — C'est l'original même*, réplique le sieur Dumas. Bientôt le doute s'éclaircit ; le sieur Julien tire de son secrétaire plusieurs effets du Sr Peixotto, fait comparer les signatures au sieur Dumas, conclut *que l'accepté Peixotto est faux*. Alors le sieur Dumas *indigné de ce qu'on a osé se servir de son ministere pour une semblable*

---

de *Peixotto* ; & il y en a d'ailleurs une preuve sans réplique au procès C'est que si le second mandat n'eût été signé que du nom *Pechotte*, le sieur Julien n'auroit pas eu besoin de prendre dans son tiroir *plusieurs effets de ce Banquier* pour comparer les signatures. Une seule eut suffi pour prouver qu'il signoit *Peixotto* & non *Pechotte*. Il y en a encore une preuve également invincible, & c'est le sieur Vedel qui nous la fournit lui-même. A l'article 3 de son premier Interrogatoire, page 6 de l'Imprimé, il raconte que le nom de Pechotte *étoit différemment écrit sur le second mandat, que M. le Maréchal ne l'avoit écrit sur le premier*. Cela est tout simple ; & c'étoit sans doute une des raisons qui avoit décidé Madame de Saint-Vincent & Vedel à réformer le premier maudat & d'en faire un second. Ils ont donc de leur aveu fait le second mandat sur *Peixotto* : dès lors ils ont fait l'acceptation sous ce nom : cela est évident.

D'après cela il n'est que trop vraisemblable que ce fut dans l'intention d'exécuter ce second faux, & de mieux contrefaire la signature de *Peixotto*, que Madame de Saint Vincent écrivit au Banquier pour lui emprunter 1200 liv. Elle n'avoit pas pu prévoir le refus qui lui fut fait : mais elle cherchoit un prétexte pour avoir sa signature. Elle l'obtint par cette voie, & cette signature lui servit de modele.

négociation, court chez Madame de Saint-Vincent retirer sa reconnoissance, & lui exprime de la maniere la plus énergique le danger auquel elle se laisse entraîner par de mauvais conseils: ce doit être là le fond de sa déposition (1).

Hé bien! les Partisans de Madame de Saint-Vincent prétendront-ils que ce n'est pas là un faux, & que ce faux n'est pas de sa façon? Et quel faux peut mieux prouver que c'est elle qui a fait aussi le faux des billets? Car si le mandat étoit véritablement signé de M. le Maréchal de Richelieu, l'auroit-elle gâté, altéré, vitié par *une acceptation* qui lui ôtoit toute valeur, tout crédit, toute confiance? On nous dispense de pousser les réflexions plus loin. Le fait parle de lui-même. Ce fait s'agrave encore par tous les mensonges qu'a faits à ce sujet Madame de St-Vincent. Lorsqu'on l'a interrogée sur ces fausses acceptations, *elle a dit qu'on avoit fait sur le mandat un barboullage qui gâtoit le billet, qu'il fut effacé tout de suite, & qu'elle ne sait pas qui a fait ce barbouillage* (2). Ainsi elle ajoute à ce faux trois faussetés. C'est ainsi que le crime en entraîne toujours mille autres à sa suite.

10°. Autre circonstance non moins concluante.

Ce Mandat devoit écheoir en Août ou Septembre. On est sûr d'être payé à l'échéance, quand on a un mandat d'un riche Maréchal de France, donné sur un excellent Banquier. Cependant Madame de Saint-Vincent toujours aux expédiens, toujours *mourant de faim*, laisse passer l'échéance de son mandat sans se présenter chez le sieur Pechotte, & sans même tenter de le négocier. Elle dit qu'*elle n'a osé le négocier, parce que l'échéance étoit trop courte.* Si ce n'est pas là l'iniquité qui se

1) *Vide* les dépositions du sieur Julien, du sieur Dumas & de Madame de Saint-Jean.

2) Articles 53, 54 & 55.

ment à elle-même, qu'eſt-ce donc? C'étoit préciſément cette courte échéance qui rendoit le mandat plus facile à négocier.

11°. Marchant d'abſurdités en abſurdités, elle ajoute *que cette échéance paſſée, elle ſe détermina à demander à M. le Maréchal des billets à longue échéance, afin de ne jamais l'inquiéter ou de lui renvoyer un nouveau mandat de cent mille écus.* D'abord, pourquoi cette alternative? Que Madame de Saint-Vincent demande cinq billets de ſoixante mille livres, au lieu d'un ſeul billet de cent mille écus, cela ſe conçoit. Mais ce qu'on ne concevra certainement jamais, c'eſt que dans le cas où M. le Maréchal ſe refuſeroit à cette propoſition, on lui demande encore de faire un nouveau billet de cent mille écus, tandis que le ſecond, fait dans la meilleure forme, rédigé par un Avocat du choix de Madame de Saint-Vincent, reſtoit dans ſes mains.

On en peut pourtant donner une raiſon. C'eſt que ce ſecond mandat avoit été vicié par *la fauſſe acceptation Peixotto.* Mais on aura donc été obligé d'avouer cette friponnerie à M. le Maréchal de Richelieu pour le déterminer à refaire ce mandat? Madame de Saint-Vincent a trouvé le pas trop gliſſant. Elle a laiſſé cette lacune dans ſon roman. Comment auroit-elle pu perſuader, qu'inſtruit de cette fabrication de ſignature, M. le Maréchal auroit oſé lui confier un nouvel effet de cent mille écus, & renchérir encore ſur cette premiere libéralité, par de nouveaux bienfaits?

Elle demande donc au lieu du mandat dont *l'échéance étoit paſſée*, de nouveaux billets *à longues échéances*? Mais a-t-on jamais rien vu de ſi biſarre? Preſſée par ſes beſoins, elle n'a demandé le premier & le ſecond mandat que *pour emprunter deſſus.* Ce ſecond mandat *eſt échu*, eſt *payable*, & elle s'en défait pour demander des billets à longues échéances qu'elle ne pourra jamais négocier ? Quelle folie !

C'est *afin de ne jamais inquiéter M. le Maréchal.* Elle oublie ses besoins, sa misere ! Quelle attention, quel soin officieux pour son bienfaiteur ! Madame de Saint-Vincent est réduite *au pain & à l'eau*, *elle n'a pas le sol*, elle est obligée de vendre *ses nippes* (1), & d'elle-même, sans en être requise, elle offre de renoncer à un mandat *en bonne forme*, à un mandat *échu*, pour des billets *à longues échéances !*

Ce procédé est trop généreux pour n'être pas sur le champ recompensé de la maniere la plus magnifique. *Elle n'a envoyé à M. le Maréchal un nouveau billet de cent mille écus, avec cinq billets, chacun de soixante mille livres, qu'en le priant de signer à son choix* OU *le premier* ou *les cinq autres* : & M. le Maréchal *par un excès de générosité, signe, outre le billet des cent mille écus, deux des billets de soixante mille livres*, & gratifie ainsi Madame de Saint-Vincent de cent vingt mille livres, qu'elle ne demandoit ni ne desiroit ! Il faut convenir qu'il est bien difficile de reconnoître à ce procédé, celui qui peu de tems auparavant avoit *donné six louis comme par charité*, qui s'étoit fâché de ce qu'on avoit pris son nom pour obtenir *le crédit d'une robe chez Bussiau*, & qui n'avoit jamais voulu solder un petit restant de dette contractée pour *l'appartement de Poitiers.*

12°. Mais voici une magnificence bien plus extraordinaire. De ces deux billets de soixante mille livres, l'un est destiné pour payer les dettes de Madame de Saint-Vincent, l'autre pour qu'elle le donne *à son tiers*, c'est-à-dire à Vedel -- A Vedel ! Eh pourquoi lui donner soixante mille livres ? M. le Maréchal

---

(1) Page 6 de l'Interrogatoire.

de Richelieu ne l'a vu que trois fois dans sa vie. Il est vrai que Madame de Saint Vincent a dit quelque part dans ses interrogatoire, *qu'il ne falloit le voir qu'une fois pour l'aimer.* Mais, quoi qu'elle en dise, M. le Maréchal ne l'aimoit pas. Elle a avoué elle-même que M. le Maréchal *l'envoyoit promener quand elle vouloit lui parler de lui.* Le don de soixante mille livres au sieur Vedel n'est donc qu'une insigne fausseté & une preuve de plus que c'est Madame de Saint-Vincent qui a voulu faire ce don de soixante mille livres au sieur Vedel, & conséquemment qui a fait le faux.

13°. Et cette lettre qui accompagnoit l'envoi des billets, est-elle assez contradictoire, absurde & fausse? Contradictoire, car il est impossible de concilier la défense *de vendre & de négocier* aucun de ces billets, avec la destination *à payer les dettes de Madame de Saint-Vincent.* Absurde : est-ce ainsi que la tendresse & l'amitié s'expriment? *Je vous envoie votre billet tout signé & deux ; vous paierez &c. n'en parlez à personne, &c.?* Aucune marque d'intérêt, pas un trait qui caractérise une ame généreuse qui se complaît dans ses largesses, qui s'applaudit de pouvoir les multiplier, qui se félicite de pouvoir prévenir jusqu'aux desirs de l'être chéri qu'il veut gratifier.

Enfin cette lettre d'envoi a été déclarée fausse par les Experts, pouvoit-elle ne pas l'être?

14°. Le roman continue :

A la fin de Février ou au commencement de Mars 1774, Madame de Saint-Vincent propose à M. le Maréchal d'échanger le dernier billet de cent mille écus contre de petits billets.

On ne sait ce qu'on doit le plus admirer, ou de l'inconstance de Madame de Saint-Vincent, ou de la patience de son prétendu bienfaiteur. Elle lui a fait faire un premier mandat : elle s'endégoûte, & il a la complaiſance d'en faire un ſecond ſur le modele même qu'on lui donne. Le ſecond mandat déplait encore à Madame de Saint-Vincent, elle veut un billet au porteur de cent mille écus ; il le ſigne docilement, avec la date & l'échéance remplies par Madame de Saint-Vincent ; & dès le lendemain matin il le lui renvoie de Fontainebleau au milieu des ſoins de toute eſpece qui l'occupoient dans cet inſtant. Il fait plus, il y joint de ſon propre mouvement deux autres billets montant à cent vingt mille livres. Cependant elle n'eſt pas encore contente, & il faut que M. le Maréchal reprenne le gros billet de cent mille écus pour en faire de petits billets. C'étoit bien le cas de *l'envoyer promener.* Mais non ; il ne murmurera ſeulement pas. Ce bienfaiteur eſt hériſſé quand on lui parle d'argent ; pour les billets il a la docilité d'un enfant.

Mais n'eſt-il pas plus qu'enfant ! Il faut qu'il ſoit tout-à-fait imbécille. Il a écrit en effet à ſa couſine *qu'il lui défendoit ſous les peines les plus graves de négocier ſes billets, & d'en parler à perſonne.* Eh ! quoi ! lorſqu'elle ne veut faire ce dernier échange que *pour pouvoir eſcompter*, il s'y prête & y conſent ! Une choſe a dû encore plus le révolter, c'eſt que, pouvant facilement eſcompter les deux billets de ſoixante mille livres, Madame de Saint-Vincent lui ait demandé d'échanger le gros billet contre de petits billets pour les *eſcompter encore* ! Si tous ces faits n'étoient pas évidemment controuvés, quelle idée devroit-on prendre de M. le Maréchal de Richelieu ? Avec la précaution la plus conſtante d'interdire à Madame de Saint-Vincent toute négociation de ſes billets, il lui aura donné le premier & le ſecond mandat pour *emprunter deſſus* : ſes deux billets de ſoixante mille livres pour *payer les dettes*, & par conſéquent pour les vendre à l'inſtant ; & les petits billets ſubſtitués au billet au porteur de cent mille écus *pour les escompter.* Ainsi sans cesse en contradiction avec lui-même, dans cette ridicule invention, il aura *défendu de négocier*, & donné des *effets négociables*? Il aura défendu *de vendre des billets*, & il les aura donnés *pour être vendus*? Il aura dit *le oui* & *le nom*, fait *le pour* & *le contre*? Ces idées sont trop extravagantes pour ne pas révolter.

Nous ne releverons pas l'incertitude dans laquelle est Madame de Saint-Vincent au moment de son interrogatoire *sur le nombre des billets.* Il y en avoit *six ou sept*, & après, *il y en avoit sept, ou huit, ou neuf.* Nous ne nous arrêterons pas à la circonstance de ces Ecrivains dont on ne sait plus *ni les noms ni la demeure, ni par qui on les a envoyé chercher*, qui écrivent successivement le corps des petits billets, *un jour l'un, un jour l'autre*; & auxquels on dit, *mettez comme vous voudrez les dates & les échéances.* Nous négligerons de même l'oubli du fait, assez important au moins pour s'en souvenir, *si ce fut Madame de Saint-Vincent ou sa Femme de Chambre qui porta ces billets.* Enfin nous laisserons à ceux qui nous liront le soin d'apprécier les déclarations par lesquelles elle termine son interrogatoire; ces reconnoissances que M. le Maréchal ne lui a donné des billets *que dans la confiance qu'elle n'en feroit aucun usage*; ces protestations de *renoncer de bon cœur à en répéter la valeur*, cette *cession* qu'elle lui en fait *de tout son cœur*; cette *priere* de ne *pas étendre sa colere* sur les confidens de son crime. Chacun de ces traits suffiroit sans doute pour caractériser la vraie coupable. Mais il faut nous borner, & l'on peut négliger ces détails auprès de quelques observations générales qui nous restent à proposer, tant sur ce dernier échange que sur toutes les opérations précédentes.

Toutes ces libéralités prétendues de M. le Maréchal de Richelieu se lient & s'enchaînent elles-mêmes dans le narré qu'en a fait Madame de Saint-Vincent, soit dans son interrogatoire, soit dans ses Mémoires. Le premier mandat a produit le second, le second a été remplacé par le troisieme, lequel a été, dit-elle, *échangé* contre les dix billets dont il s'agit au procès, avec les deux de soixante mille livres.

De cette liaison, de ce rapport identique, naît une conséquence nécessaire. C'est que si Madame de Saint-Vincent est prouvée être l'auteur du faux de l'un de ces effets, par cela seul elle est convaincue d'être l'auteur du faux de tous les autres.

Or, indépendamment de toutes les contradictions, des invraisemblances, des absurdités qu'on vient de voir, il est déja prouvé qu'elle est l'auteur du faux de tous les billets par la lettre *sur l'enfant* constamment fabriquée par elle, & qu'elle a cependant déclaré être le *principe des libéralités.*

L'examen particulier de chaque mandat fournit aussi des preuves du faux particulier à chacun d'eux.

Le *premier, vrai chiffon,* suivant elle, titre absolument chimérique, n'a pu sortir, tel qu'il est conçu, que de l'imagination égarée d'une femme qui ne connoissoit aucune forme. Aussi y imprima-t-elle elle-même le cachet du faux en y mettant une *fausse acceptation.*

Il en a été de même du second mandat remis au sieur Dumas pour emprunter vingt quatre mille livres, avec la *fausse acceptation du sieur Peixotto.* Madame de Saint-Vincent n'appelle *ces fausses acceptations qu'un barbouillage*; mais elle convient que *c'est elle qui a fait faire ce barbouillage.* Cet aveu suffit; barbouillage ou faux, elle n'a fait l'un ou l'autre, que parce qu'elle savoit qu'elle ne couroit aucun risque de *barbouiller* de tels billets. Elle ne l'eût pas fait, si elle les eût cru véritables.

Les

les faux *acceptés* faits par elle, prouvent donc qu'elle a fait aussi les faux billets.

A ce second mandat ont été substitués, le billet au porteur de cent mille écus & les deux billets de soixante mille livres, *un pour payer les dettes, & un pour le sieur Vedel.*

Quant à ces deux billets, ils sont existans; ils ont été argués de faux & déclarés faux. Ce faux ne peut encore émaner que de Madame de Saint-Vincent, d'après toutes nos observations précédentes, d'après ses contradictions, ses explications insensées, sa situation, d'après la conduite de M. le Maréchal à son égard, & son indifférence pour le sieur Vedel.

A l'égard du billet de cent mille écus, deux circonstances lui impriment un caractere de faux tout particulier, & d'un faux qui rejaillit nécessairement sur Madame de Saint-Vincent.

1°. Elle prétend, ainsi que les autres Accusés, que ce billet lui a été apporté par un laquais de M. le Maréchal, *livrée rouge & galonnée d'argent.* Or, il doit être prouvé au procès, qu'à cette époque, & dès la fin d'Octobre, les Gens de M. le Maréchal avoient quitté leurs habits d'été & qu'ils avoient l'habit d'hiver qui est à grande livrée. Le laquais, porteur de ce paquet, n'étoit donc pas un laquais de M. le Maréchal; c'étoit donc un domestique aposté par elle.

2°. Madame de Saint-Vincent, ainsi que le sieur Vedel & l'Abbé Froment, ont fixé au 13 Novembre l'envoi de ce mandat & des cinq billets de soixante mille livres à l'Hôtel de Richelieu; & au lendemain 14 le retour des billets signés. Or, il est notoire que le 13 M. le Maréchal étoit allé, de l'ordre du Roi, à Nemours, pour complimenter Madame la Comtesse d'Artois; qu'il n'en revint que fort avant dans la nuit à Fontainebleau, où il resta encore jusqu'au lendemain 14; que le matin de ce même jour, il eut l'honneur d'accompagner le Roi qui alla recevoir Madame la Comtesse d'Artois à la montagne de Beuron, & qu'il revint le soir, avec le Roi, à Choisy.

Cet alibi démontré rejette nécessairement la conviction du faux sur Madame de Saint-Vincent. Elle a tâché d'y répondre ; elle a allégué que (1) que M. le Maréchal *s'étoit trompé sur la date de sa lettre.* Elle a rejetté *l'autorité des Gazettes comme un témoignage ridicule.* Vedel s'est plaint amerement de ce qu'on *la tracassoit sans cesse sur les dates* (2) ; enfin elle a voulu tergiverser & donner une autre date ; mais sa rétractation tardive, ses variations, ses contradictions ne sont, suivant toutes les Loix, que de nouvelles preuves du crime.

Viennent enfin les *dix petits billets* ; ils ont aussi, indépendamment des absurdités que nous avons remarquées, leur signe particulier de réprobation.

C'est à la fin de Février ou au commencement de Mars 1774, que Madame de Saint-Vincent dit les avoir reçus *de la main même de M. le Maréchal*, & cependant dans le nombre des dix billets, il s'en est trouvé un daté du 4 Avril & un autre du 8 Mai. Voilà sans doute des dates difficiles à concilier ! Madame de Saint-Vincent a répondu tout simplement dans son second interrogatoire (3), *que quand elle avoit fait faire lesdits billets, elle avoit dit aux Ecrivains, qu'elle employoit à cet effet, de les faire sous différentes dates & échéances, & qu'elle n'avoit pas remarqué* CETTE POST - DATE.

---

1) Article 30, du premier interrogatoire.

2) Interrogatoire de Vedel, article 4.

3) Article 123.

La remarque importoit cependant beaucoup ; car si M. le Maréchal étoit mort en Mars ou Avril, il eût été sans doute difficile à Madame de Saint-Vincent de se faire payer de ces deux billets ; mais passons-lui cette misérable défaite. Voici un argument plus sérieux, auquel elle n'entreprendra pas même de répondre.

L'Abbé de Trans interrogé (1), *reconnoît dans les dix billets, deux dont il a écrit le corps, à la requisition de Madame de Saint-Vincent,* DANS LE COURANT D'AVRIL OU DE MAI 1774, *sous sa dictée; & ces deux billets sont, l'un de trente-cinq mille livres,* DATÉ DU 15 FÉVRIER PRÉCÉDENT, *l'autre de quarante-cinq mille livres, du premier* DUDIT MOIS.

Delà résultent deux choses.

La premiere, que prudemment Madame de Saint-Vincent faisoit *antidater* ses billets, au lieu de les *post-dater.*

La deuxieme, qu'il n'est pas vrai que l'échange du billet de cent mille écus se soit fait en Février ou Mars, puisque *le corps des billets* n'a été écrit qu'en *Avril ou Mai.*

Dans le même interrogatoire (2), l'Abbé de Trans ajoute *qu'au mois d'Avril, ou au commencement de Mai, Madame de Saint-Vincent lui fit voir un billet de cent mille écus, paroissant souscrit de M. le Maréchal, en lui disant qu'elle alloit le faire convertir en billets de moindre valeur, pour avoir plus de facilité à les négocier; qu'à cette occasion, elle lui fit écrire le corps des deux billets ci-dessus, & monta en carrosse pour aller, dit-elle, les faire signer.*

Ainsi d'après cette déclaration judiciaire, il est prouvé de plus en plus qu'il n'y avoit pas eu d'échange, *en Mars ni Avril,*

1) Article premier.

2) Article 3.

comme Madame de Saint-Vincent & le ſieur Vedel l'ont atteſté à la Juſtice. Le billet de cent mille écus exiſtoit encore *en Mai* 1774, & Madame de Saint-Vincent l'avoit en ſa poſſeſſion, quoiqu'elle ait déclaré dans ſon interrogatoire l'avoir *déchiré en préſence de M. le Maréchal, en faiſant l'échange en Février 1774.*

Que de menſonges, de contradictions, de fauſſetés! Réſiſtera-t-on encore à ces preuves émanées des propres témoins *de Madame de Saint-Vincent.* ?

Si les billets n'ont été faits qu'*en Mai*, l'échange *de Février* eſt donc une fauſſeté, & les billets qu'on verra bientôt avoir été négociés en Avril, étoient des billets faux. S'ils étoient faits *en Février ou Mars*, ceux dont l'Abbé de Trans a écrit le corps *au commencement de Mai*, étoient donc l'objet d'une nouvelle fabrication. Dans l'une ou l'autre hypotheſe, Madame de Saint-Vincent eſt convaincue de faux.

Ainſi cette chaîne de mandats & de billets n'eſt qu'une chaîne de faux. Dans leur enſemble tous ces titres ſucceſſivement créés pour ſe remplacer les uns les autres, n'offriront à tout eſprit raiſonnable, que la trace ſenſible d'un crime maladroitement conçu, & plus maladroitement exécuté. Dans leur détail, chacun de ces titres dépoſe encore contre leur auteur, & fait retomber ſur Madame de Saint-Vincent la conviction du faux.

VI.

Projet d'une nouvelle fabrication de billets.

On vient de voir l'origine & la ſuite des douze billets qui ſont argués de faux.

Mais Madame de Saint-Vincent ne s'en étoit pas tenue à

cette fabrication, & la ſuite de la procédure a fait découvrir qu'au moment de la découverte de ſon crime, elle préparoit encore dans le ſecret, de nouveaux billets.

En effet, dans la ſaiſie des papiers de Benavent, on a trouvé pluſieurs lettres de Madame de Saint-Vincent, qu'elle a reconnues dans ſon interrogatoire.

Dans l'une, elle écrivoit à Benavent, *Il faut que Rubit attende le billet de 20,000 liv. que vous avez écrit, & que j'ai envoyé.*

Elle lui marquoit dans une autre : *Sans doute il faut faire ſigner les billets, nous ne pouvons prévoir ce qui peut arriver ; il faut au moins gagner tout ce que nous pourrons ; il faut partir dans une heure d'ici, & tu aurois dû m'en envoyer quatre.*

Enfin dans une autre, elle lui écrivoit encore : *Le Maréchal n'étoit pas à Paris Jeudi matin, c'eſt moi qui te le dis, parce que je lui ai parlé à neuf heures ; je lui avois dit : je viendrai Samedi, il m'avoit dit* oui, *ainſi perſonne ne me trompe ; je lui enverrai mes billets à ſigner, il me les enverra ſignés, je t'en réponds, & qu'ils partiront demain ; mais il faut les refaire, tout ce qui me fâche c'eſt de le voir partir ſans avoir acquitté Poitiers, en y paſſant il le ſaura, il croira que j'ai menti, je ne ſuis fâchée que de cela, je n'attends pas ſon retour pour la ſignature, parce qu'il pourroit* MOURIR.

On a repréſenté ces lettres à Madame de Saint-Vincent, & on l'a ſommée d'expliquer, comment déjà nantie de billets pour quatre cent vingt-cinq mille livres, elle avoit pu concevoir l'idée d'en faire ſigner encore pour des ſommes conſidérables à M. le Maréchal de Richelieu. On ne peut rien voir de plus ingénu que ſes réponſes.

« A dit qu'il eſt tout naturel à une perſonne qui avoit déjà

» reçu des billets, de desirer d'en recevoir d'autres, qu'elle n'a » fait au reste qu'un souhait intéressé, & ne l'a pas exécuté (1).

« Elle assure n'avoir envoyé aucun de ces nouveaux billets » à M. le Maréchal, & que ce qu'elle écrivoit à Benavent *n'é-* » *toit qu'un discours en l'air*, & qui ne pouvoit avoir aucune » suite (2) ».

De telles réponses caractérisoient déjà bien évidemment la faussaire ; mais une autre circonstance a achevé de la démasquer, & a completté la preuve du nouveau faux.

Bennavent a été pareillement interrogé sur ces billets saisis sur lui, « il a raconté que quelques jours après le départ de M. le » Maréchal pour son Gouvernement (16 Juin 1774), Madame » de S. Vincent le pria de faire trois ou quatre billets de dif- » férentes sommes, qu'il ne les voulut pas faire lui-même, & » les fit écrire par le nommé Girard son domestique ; que » depuis, Madame de Saint-Vincent lui dit les avoir envoyés » à M. le Maréchal à Bordeaux, & qu'*elle lui fit voir une* » *réponse* qui lui annonçoit qu'il lui feroit passer ces billets » signés, comme elle le désiroit, dans laquelle il lui faisoit beau- » coup de protestations d'amitié (3) ».

On lui demande *s'il est bien sûr d'avoir vu cette réponse*, il répond *que oui*, *qu'elle étoit datée de Bordeaux & qu'il en a pris lui-même lecture*, *qu'elle portoit entr'autres choses que M. le Maréchal étoit bien fâché de n'avoir pas vu Madame de Saint-Vincent la veille de son départ, par la peine qu'ils auroient senti tous deux de leur séparation, & qu'il y promettoit de lui renvoyer les billets en question tout signés.*

---

1) Article 59, du premier interrogatoire.

2) Article 57.

3) Premier interrogatoire.

Voilà un fait bien positif, bien articulé ; le témoin qui en dépose n'est pas suspect, c'est Benavent, un des confidents de Madame de Saint-Vincent, son co-accusé. Il a vu trop de signatures & d'écritures de M. le Maréchal, pour s'être trompé sur cette derniere lettre ?

Elle s'accorde peu cependant, cette lettre, avec la réponse que Madame de Saint-Vincent a faite, *qu'elle n'avoit envoyé aucuns des nouveaux billets à M. le Maréchal, & que ce qu'elle avoit dit à Benavent n'étoit qu'un discours en l'air, qui n'avoit pas eu de suite* ; mais voici quelque chose qui s'accordera bien moins.

Madame de Saint-Vincent subit son second interrogatoire ; on lui demande (1), *si elle n'a pas montré à quelques personnes une lettre qu'elle prétendoit avoir reçue de Bordeaux, de M. le Maréchal de Richelieu, portant qu'il avoit reçu les quatre billets, & qu'il les enverroit signés par le premier Courier.*

A DIT QU'ELLE N'A PU MONTRER DES LETTRES RELATIVES A CES BILLETS, PUISQU'ELLE N'EN A PAS ENVOYÉ A M. LE MARÉCHAL, ET N'EN A REÇU AUCUNE, N'A PAS MÊME PARLÉ AU MARÉCHAL DE CES BILLETS.

Madame de Saint-Vincent ne nioit la lettre & l'envoi des billets avec cette assurance, que parce qu'elle comptoit sur la discrétion du sieur Benavent ; pour s'en assurer mieux elle lui écrit bien vîte en sortant de son interrogatoire.

« Au sujet des billets que vous m'aviez envoyés pour faire » signer au Maréchal, on me dit que je vous avois lu une lettre » du Maréchal, où il disoit : *envoyez les moi, je les signerai.* » J'ai répondu que vous n'aviez pas lu cette lettre, parce que

1) Article 133.

» le Maréchal ne me l'avoit pas marqué, mais que je vous » l'avois dit ; *je vous ai rendu toute la justice que vous mé- » ritez* ».

Eh bien ! ne rendra-ton pas enfin à Madame de Saint-Vincent celle qu'elle mérite ? Et quelqu'un se permettra-t-il encore de résister à cette évidence ?

Qu'on lui fasse grace de ses mensonges, de ses parjures, de la séduction tentée auprès de Benavent ; mais le faux peut-il être plus constant & plus palpable ?

Madame de Saint-Vincent a fait faire quatre nouveaux billets pour en tirer parti comme des précédents. Elle a feint de les avoir envoyés à Bordeaux : ensuite elle a fabriqué sur le modele de toutes les autres, une lettre en réponse de M. le Maréchal, qui promettoit de signer les billets. Cette lettre a été *vue & lue par Benavent*, il a persisté dans cette déclaration précise à sa confrontation à Madame de Saint-Vincent; il y a même ajouté qu'*il l'avoit crue véritable* ; cette lettre a donc existé : Madame de Saint-Vincent l'avoit donc fabriquée ; elle y avoit donc encore contrefait l'écriture de M. le Maréchal, puisque Benavent l'a crue véritable. Elle ne l'avoit fabriquée que pour servir d'appui aux quatre billets. Les quatre billets étoient donc un faux projetté. Le faux des douze autres & des lettres qui y sont relatives, est donc le crime de celle qui projettoit ce faux de la même espece, & qu'elle avoit déjà consommé en partie par cette fabrication de lettres.

VII

VII.

Fauſſeté de Madame de Saint-Vincent réſultante de l'impoſſibilité où elle eſt de prouver que M. le Maréchal de Richelieu lui ait envoyé les billets ſignés.

Un nouveau point de vue ſe préſente ici, & il ſuffiroit pour mettre à portée de juger quel eſt le fauſſaire.

De quelles mains ſortent les billets dont eſt queſtion ? C'eſt des mains de Madame de Saint-Vincent. Il eſt avoué par elle, par Vedel, par l'Abbé Froment, par Benavent (1), que le corps des billets a été fait *par ſes ordres*, *par des Ecrivains que Vedel a été chercher*, & quelques-uns par l'Abbé de Trans qui l'a avoué (2). Le *papier* a été fourni par Madame de Saint-Vincent. *L'écriture* des dix billets eſt de ſon fait. Le *montant des ſommes*, *les dates & les échéances* ont été *du choix* de ſes Ecrivains (3). C'eſt elle qui a mis ces billets ſur la place, & qui *les a fait négocier*. Tous ces billets enfin ſont *à ſon profit*, & c'eſt elle qui a retiré le produit de ceux qui ont été négociés. Tous ces faits ſont conſtans & avoués.

Qu'a eu à faire M. le Maréchal de Richelieu à la vue de ces ſignatures qu'on lui attribuoit ? Il falloit ou les nier ou les avouer. Il les a déniées, & ſon déſaveu a été pleinement juſtifié par les vérifications faites par les Experts. Neuf vérificateurs ont déclaré les ſignatures fauſſes.

Alors Madame de Saint-Vincent a propoſé cette exception : *Si les billets ſont faux, ils m'ont été envoyés faux par M. le*

(1) *Vide* leurs interrogatoires.

(2) Son interrogatoire.

(3) Interrogatoire de Madame de Saint-Vincent.

Maréchal de Richelieu. Il falloit nécessairement pour se défendre du faux, quelle tînt ce langage. Car, puisque les billets sortent de ses mains, puisque leur formation primitive est son ouvrage, elle ne peut prouver qu'elle n'est pas l'auteur du faux, qu'en prouvant que ces billets *faits & formés* par elle, elle les a envoyés *sans signature* à M. le Maréchal de Richelieu, qui les lui a renvoyés *avec les signatures* qui sont déclarées fausses.

Or comment prouve-t-elle ce *renvoi* de la part de M. de Richelieu des billets signés ?

A l'égard des dix billets, elle n'a pas l'apparence d'une preuve. Voici ce qu'elle en a dit dans son interrogatoire (1).

A porté ou fait porter par la nommée Marion sa Femme-de Chambre, ne se rappelle lequel des deux, les petits billets chez M. le Maréchal. Etant allé chez lui le lendemain ou le surlendemain, elle lui dit: vous ne m'avez pas oubliée, mon cousin. Non, dit-il, & voilà vos billets; prenez-garde, vous êtes une mauvaise tête: n'allez pas faire la folle en les vendant ou en les donnant : qu'elle lui promit, mais ne lui a pas tenu parole.

De cette déclaration même de Madame de Saint-Vincent il résulte qu'elle n'a aucune preuve de la remise des billets par elle fabriqués, à M. le Maréchal de Richelieu, ni de la sortie de ces billets des mains de M. le Maréchal avec *sa signature.* Car on ne regardera pas sans doute sa déclaration comme une preuve, & sur-tout une déclaration si vague & si incertaine.

A-t-elle du moins quelque preuve pour les deux billets de soixante mille livres qui sont partie des billets argués de faux, & dont les signatures ont été déclarées fausses comme celles des dix billets ? Voici ce qu'elle narre à ce sujet.

« Elle fit faire par Me Garrisson de la Tour les modeles d'un

(1) Page 8, de l'interrogatoire imprimé.

» billet de cent mille écus & de cinq billets de ſoixante mille » livres. Elle fit un paquet de tous ces billets, avec une lettre » par laquelle elle prioit M. le Maréchal de lui renvoyer ou le » billet de 100,000 écus ſigné, ou les cinq de 60,000 livres, » montant enſemble à la même ſomme. M. de Vedel porta la » lettre avec Marion, Femme de Chambre, à l'Hôtel du Maré- » chal, & la donna lui-même au Suiſſe. Le lendemain qui étoit » jour de Dimanche ou de Fête, ſe promenant dans la cham- » bre de l'Aumônier du Couvent, le Laquais de M. le Maréchal » nommé Saint-Jean, lui apporta un paquet aux armes de M. » le Maréchal. Ce paquet contenoit le billet de 100,000 écus » ſigné, & deux billets de 60,000 livres également ſignés, & » une lettre d'envoi dans laquelle le Maréchal lui marquoit : *je » vous envoie votre billet ſigné & deux. Vous paierez vos dettes » avec l'un, & vous donnerez l'autre à votre tiers pour le payer » de ce que vous lui devez : tout ce que je vous demande, eſt » de n'en parler à perſonne d'un an* ».

Voilà *l'envoi* & *le renvoi* des billets bien articulé. Mais eſt-il prouvé ?

1°. L'époque de l'envoi a été fixée par tous les Accuſés au 13 Octobre, & celle du renvoi au lendemain 14, qui étoit effectivement *un Dimanche.* Mais il eſt établi au procès que M. le Maréchal de Richelieu paſſa toute la journée du 13 à accompagner ſur ſa route Madame la Comteſſe d'Artois, & qu'il n'arriva le 14 à Fontainebleau que fort avant dans la nuit. Cet *alibi* conſtant prouve donc l'impoſſibilité du *renvoi.*

2°. l'Abbé Froment dépoſe que le 14 il vit un Laquais *livrée rouge galonnée d'agent* apporter un paquet à Madame de Saint-Vincent, & qu'elle lui dit que c'étoit un Domeſtique à la livrée de M. le Maréchal. Mais à cette date tous les gens de M.

le Maréchal avoient quitté *la livrée rouge galonnée d'argent.* C'eſt encore un fait conſtant & prouvé.

3°. *Saint-Jean*, ce Domeſtique, prétendu porteur du paquet, a dépoſé : & l'on ne doit rien trouver dans ſa dépoſition qui tende à conſtater le *renvoi du paquet.*

4°. Le Suiſſe de M. le Maréchal a également été entendu en dépoſition. Il n'a rien pu dire qui conſtate ni *l'envoi* ni le *renvoi.*

5°. La lettre de M. le Maréchal, qui, dit-on, accompagnoit le paquet, formeroit une preuve complete, ſi elle étoit véritablement de la main de M. le Maréchal. Mais elle a été déclarée fauſſe par les Experts.

Ainſi *l'envoi* & le *renvoi* de ces deux billets de 60,000 livres, non-ſeulement ne ſont pas plus prouvés que *l'envoi* & le *renvoi* des dix petits billets : mais leur fauſſeté eſt même démontrée par toutes les circonſtances qu'on vient d'expliquer, auxquelles on peut ajouter encore qu'il ſeroit abſurde d'imaginer que M. le Maréchal, en renvoyant, comme on le ſuppoſe, à Madame de Saint-Vincent le billet de 100,000 écus ſigné, lui eût encore envoyé *par un excès de généroſité* deux billets de 60,000 livres également ſignés, quoique Madame de Saint-Vincent n'eût demandé que *l'un ou l'autre.*

Cela poſé, la preuve de la fabrication par Madame de Saint-Vincent eſt évidente.

Les pieces fauſſes ont été fabriquées POUR elle & PAR elle. Tout, à la ſignature près, eſt avoué être de ſon fait & ſon propre ouvrage. Elle ne prouve pas que M. le Maréchal ait fait ou fait faire la ſignature : donc c'eſt elle qui l'a faite ou fait faire.

Pour échapper à cette conſéquence, elle a ſuppoſé entre *la faction* des billets, & la *ſignature*, un tems intermédiaire pent dant lequel les billets étoient sortis de ses mains, & étoient entrés dans celles de M. le Maréchal de Richelieu. Mais cet intermédiaire, rien ne le prouve : la seule chose qui soit certaine c'est que Madame de Saint-Vincent a fourni le papier, a fait écrire le corps des billets, & en a déterminé la valeur, les dates, les échéances ; qu'elle a ensuite négocié les billets, qu'elle en a reçu l'argent. C'est donc elle qui a fait le faux *qui lui profite* : elle a fait le faux, puisque les pieces fausses se sont trouvées dans ses mains, puisqu'elle est convaincue de la création originaire de ces pieces, puisqu'elles partent d'elle directement, uniquement, sans intermédiaire, sans aucucune relation étrangere.

VIII.

Fausseté de Madame de Saint-Vincent prouvée par les lettres.

Madame de Saint-Vincent avoit préparé par des lettres fausses, les douze billets, comme elle avoit préparé les quatre billets dont on vient de parler, par une lettre supposée. C'est un nouveau point de vue qui accumule les preuves, & qui mérite toute l'attention de la Justice.

Après s'être égaré dans tous les détours & toutes les incertitudes possibles, le sieur Vedel avec des cris de victoire, ou plutôt d'impudence, a produit comme preuve de la prétendue libéralité de M. le Maréchal de Richelieu, un billet véritablement écrit de sa main, & conçu en ces termes.

« Faites ensorte de vous tirer d'affaire *avec cette lettre de* » *change que je vous envoie*, tâchez de vous corriger & de dire » à (un mot effacé) de vous tirer des mauvaises affaires où vous » vous êtes fourée avec une inconsidération sans exemple, & » de n'y plus retomber ; je vous irai voir ».

Ce n'étoit pas une découverte nouvelle que cette lettre : elle avoit fait partie du dépôt fait au Greffe du Châtelet, par Me Lafite, le 3 Septembre 1774, & le procès-verbal de ce dépôt constate que le mot effacé, l'étoit au moment du dépôt & par conséquent que cette rature étoit du fait des accusés.

Dix-huit mois s'étoient écoulés sans que Madame de Saint-Vincent ni Vedel se fussent avisés de chercher la moindre analogie entre cette lettre & les billets. L'idée ne leur en est venue que lorsqu'ils ont vu que les Experts avoient déclaré fausses, les lettres qu'ils avoient annoncées comme les lettres d'envoi des mandats, & tout-à-coup ils ont affirmé *que le nom effacé étoit celui de Vedel, & que la lettre de change envoyée n'étoit autre chose que le second mandat de cent mille écus.*

Ils ont fait plus : sans appeller M. le Maréchal, & à son insçu, ils ont obtenu un rapport d'Experts, pour tâcher de constater que le mot effacé étoit le nom de Vedel, mais tout ce qu'ils ont pu obtenir de ces Experts, s'est réduit à leur faire déclarer que la premiere lettre paroissoit être un V., la derniere un E., & que le mot étoit illisible.

M. le Maréchal a répondu dans le tems par un Mémoire particulier à cette Lettre, & il a prouvé d'une maniere sans réplique que le nom effacé étoit celui du sieur *Sube*, ci-devant son Contrôleur, & que la Lettre-de-change étoit une Lettre-de-change de 300 livres, que M. le Maréchal envoyoit à Madame de Saint-Viucent pour l'aider aux frais de son départ de Paris. Le rapport clandestin fait à la requête des accusés est demeuré comme non-avenu.

Mais ce fait nous ramene aux autres Lettres qui sont vraiment relatives aux mandats & billets. Ce que nous allons en dire en remplissant notre objet principal, qui est de prouver que Madame de Saint-Vincent est l'auteur de tous les faux reconnus par les Experts, achevera de convaincre que la vraie Lettre dont nous venons de parler, n'a aucun rapport aux faux billets.

Dans le même dépôt fait au Châtelet par Lafitte, & dans la troisieme liasse du scellé du Commissaire de Graville se sont trouvées trois pieces qu'il faut accoler ici pour qu'on en juge mieux.

Piece cottée 37 du dépôt.

« *Je ne serai jamais étonné d'une étourderie de votre part, ma très chere cousine; mais vous êtes cependant faite pour être bien aimée. Il me semble que l'interet que vous ne devez pas douter que je prends à ce qui vous regarde meritoit un peu que vous m'en disiés* quelque chose. Mais je n'en suis pas à cela près avec vous *& pourvu que vous soyés heureuse, je serai content.*
,, *Ce lun.*

Piece cottée 35 du dépôt.

« *Je ne serai jamais étonné* que vous me dites
,, *de votre part ma tres chere bonne cousine*
,, *mais vous etes cependant faite pour être*
,, *bien aimée. Il me semble que l'intérêt*
,, *que vous ne devez pas douter que je*
,, *prends a ce qui vous regarde méritoit*
,, *un peu* que vous me croyez, j'envorrai
,, votre mandat & je ne pas à Paris ces
,, jours ci *& pourvû que vous soyés*
,, *heureuse, je ferai content.* Mais
,, vous prendrés le tiers pour vous guider.
,, *Ce lun.* ».

Piece 16 de la troisieme liasse.

« *Je ne serai jamais étonné d'un oubli*
,, *de ma très chere cousine, mais vous etes*
,, *cependant faite pour être bien aimée* don-
,, nés moi deux ou trois jours pour me désfaire
,, du monde qui m'accable & j'irai chez vous
,, non pas sans vous avertir & votre tiers aussi
,, je ne veux point le faire venir chez moi
,, je ne saurois lui parler, j'ai des avis à vous
,, donner devant lui, enfin si je ne puis aller
,, chez vous d'ici à samedi, j'écrirai à Vedel
,, par cet homme qui remettra votre mandat
,, aux conditions prescrites par ma lettre
,, m'entendés vous ma chere bonne.
,, Ce lundi 18 Octobre ».

La *premiere* de ces Lettres a été reconnue par M. le Maréchal de Richelieu. Il a argué la seconde de faux, & elle a été déclarée fausse. *La troisieme* est une copie de la main de Vedel, qu'il a *juré avec la plus grande vérité lui avoir été dictée par Madame de Saint-Vincent sur une Lettre qu'elle tenoit en main, qu'elle disoit être de M. le Maréchal, & dont l'original est resté dans ses mains* (1).

La seconde est évidemment calquée toute entiere sur la premiere, à l'exception de la phrase qui concerne *le mandat*, & de celle où il est parlé du *tiers*. Aussi l'écriture de ces deux phrases est-elle bien différente & très-mal imitée.

1) Deuxieme interrogatoire, Article 45.

Dans la troisieme Lettre qui n'est qu'une copie d'une prétendue Lettre de M. le Maréchal, on retrouve encore mot à mot les deux premieres phrases des deux autres Lettres.

Il faut voir comment Madame de Saint-Vincent s'est défendue de ce faux évident de la seconde & de la troisieme Lettre.

Elle répond (1) qu'une preuve que la seconde Lettre n'a pas été calquée sur la premiere, *c'est qu'elle a reçu auparavant l'autre, celle qu'on prétend qu'elle a copiée.*

Elle observe qu'il n'est pas *surprenant que M. le Maréchal répete les mêmes phrases dans plusieurs de ses Lettres.*

Elle ne disconvient pas (2) *que les huit premieres lignes ne soient du même style; que ce n'est qu'une preuve des répétitions de M. le Maréchal; qu'en général si ces Lettres eussent été fausses, elle ne les auroit pas fait déposer au greffe... qu'enfin s'il y a quelque chose de faux dans les billets ou les Lettres, le tout vient du Maréchal* (3).

Nous nous reprocherions de commenter des textes si clairs. Concluons.

Voilà une Lettre reconnue véritable; mais il n'y est parlé ni de *mandat*, ni de *billets*, ni de *tiers.* On y voit seulement le langage de l'intérêt & de l'amitié, & la preuve que M. le Maréchal regardoit Madame de Saint-Vincent comme une *étourdie*: expression énergique, inconciliable avec les profusions supposées, & que Madame de Saint-Vincent a eu par cette raison grand soin de ne pas *calquer* dans ses fausses Lettres, à côté des promesses de mandats de cent mille écus, & de la *défense de les négocier.*

---

1) Article 98 du deuxieme interrogatoire.

2) Article 99 du deuxieme interrogatoire.

3) Article 100.

Suit

Suit une autre Lettre déclarée fausse, calquée presqu'en entier sur la premiere. Elle ne peut avoir été calquée que par celle qui étoit dépositaire de l'original. C'est donc Madame de Saint-Vincent qui a fait cette fausse Lettre : on ne peut pas résister à cette conséquence.

Enfin la copie faite par Vedel prouve un second faux de Madame de Saint-Vincent. Elle avoit, dit Vedel, *l'original en main.* Cependant elle ne le représente pas. Elle le supposoit donc.

Et ces deux faux ont été pratiqués pour faire valoir les *mandats*, pour les annoncer, pour les accréditer. C'est donc Madame de Saint-Vincent qui a fait aussi les faux *mandats*; & c'est elle encore qui a fait les faux billets échangés contre les mandats.

Autre faux du même genre, & d'où naissent les mêmes conséquences.

Parmi les trente-sept pieces déposées par Lafitte au nom de Madame de Saint-Vincent, dix-neuf ont été arguées de faux, & dix-neuf ont été déclarées fausses. Chacune de ces Lettres fourniroit matiere à bien des réflexions. Mais pour abréger notre tâche & celle des personnes qui nous liront, nous nous bornerons à quelques-unes de ces pieces.

On a vu plus haut qu'en fin de procès Madame de Saint-Vincent & Vedel ont adopté pour *la Lettre d'envoi* du mandat, la piece 37 de ce dépôt, par laquelle M. le Maréchal envoyoit effectivement une Lettre-de-change à Madame de Saint-Vincent sans indication de la somme. Il étoit d'autant plus étonnant que Madame de Saint-Vincent eût pris ce parti, qu'interrogée (1) *si M. le Maréchal n'avoit jamais souscrit à son profit de Lettres-de-change*, elle avoit répondu *qu'elle ne savoit ce que c'étoit qu'une Lettre-de-change.* Elle étoit en effet tellement préoccupée de *sa fabrique de mandats*, qu'elle avoit perdu jusqu'à l'idée de cette petite Lettre-de-change de 300 liv. qui lui avoit été envoyée. D'ailleurs en fabriquant les mandats, elle avoit aussi fabriqué les Lettres d'envoi; & tant qu'elle avoit espéré que ces Lettres passeroient pour vraies, elle n'avoit eu garde d'en invoquer d'autres. Malheureusement pour elle, elle a fait de ces Lettres d'envoi, comme des billets : elle les a trop multipliées.

Il faut se rappeller que d'après Madame de Saint-Vincent, le premier mandat a été fait chez elle, sur sa toilette : ainsi il n'y a pas eu de Lettre d'envoi. Le second mandat lui a été envoyé, dit-elle, à la fin de Mai ou au commencement de Juin 1773. (2) Le troisieme effet, est un billet au porteur, qu'elle dit lui avoir été envoyé le 13 Novembre suivant (3). Ainsi il n'y a eu que deux mandats ou billets *envoyés*, il ne doit donc se trouver que deux *lettres d'envoi.*

Cependant voici ce qu'on trouve au nombre de ces dix-neuf pieces déclarées fausses par tous les Experts.

Une premiere Lettre cotée 9.

« Si je n'étois pas obligé de partir pour accompagner le » Roi, je serois demain à Paris à votre appartement. *Je vous*

1) Article 60 du premier interrogatoire.

2) Article 51.

3) Article 27.

» *envoie votre mandat* avec des Lettres qui vous feront encore » plus de plaiſir, &c. ».

Une ſeconde cotée 11.

« Je *vous envoie*, ma chere Couſine, *votre billet* tout » *ſigné & deux* : vous paierez vos dettes avec l'un, & vous donnerez l'autre à votre tiers, &c. ».

Une troiſieme cotée 34.

« Ma chere Couſine, vous n'êtes guère raiſonnable d'augmenter vos inquiétudes, &c. Je *vous envoie ce billet*; ne le » prévenez pas pour éviter un grand mal, &c. ».

Quand les Experts n'auroient pas déclaré ces Lettres fauſſes, pourroit-on héſiter à les juger telles? Des trois billets de trois cens mille livres, il n'y en a eu que deux *d'envoyés*, dit-on, & voilà pourtant ſuivant ces Lettres trois mandats ou billets envoyés. Madame de Saint-Vincent auroit-elle un quatrieme mandat deſtiné à paroître au jour?

Et ce faux, de qui peut-il émaner? C'eſt ſans doute de celle qui s'eſt trouvée nantie de ces Lettres, de celle qui a oſé les produire, de celle qui abandonne aujourd'hui toutes *ces Lettres d'envoi*, parce qu'elle voit qu'elles ſont jugées fauſſes, & qui par une tergiverſation inadmiſſible eſſaie d'approprier à cet *envoi* une *quatrieme Lettre*, laquelle, ſi elle pouvoit s'y appliquer, feroit encore ſuppoſer l'exiſtence d'un cinquieme mandat.

Les fabricateurs de ces *trois Lettres d'envoi* avoient auſſi forgé une foule de Lettres contenant *la promeſſe de cet envoi*. Nous n'en citerons que *trois* qui ſont plus remarquables que les autres.

Par la premiere en date du *mardi 12 Octobre*, on fait dire à M. le Maréchal : « Ma fille eſt très-malade, ma très-chere » Couſine : elle s'en va mourir ; pourvu que j'aie un moment, » j'irai chez vous, ou j'enverrai *votre mandat* par un homme » que j'attends ».

Par la ſeconde en date du *ſamedi 16 Octobre* on lui fait écrire : « Ma très-chere Couſine, *je remettrai votre mandat* à » cet homme qui eſt enfin arrivé. Il vous le remettra lui-même » dans la ſemaine qui vient ».

Enfin on lit dans la troiſieme datée *du lundi* 18 *Octobre* : « Si je ne puis aller chez vous d'ici à ſamedi, j'écrirai à Vedel » par cet homme qui *remettra votre mandat* aux conditions » preſcrites par ma Lettre ».

Ces *trois* Lettres ne ſont qu'en copies. Elles ſont de la main du ſieur Vedel, qui a prétendu que Madame de Saint-Vincent les lui avoit dictées. On n'a pu les forcer ni l'un ni l'autre à repréſenter les originaux.

Mais on les a preſſés par un argument qui mérite d'être rappellé ici, ainſi que leurs réponſes.

Ces promeſſes trois fois réitérées en Octobre 1773 ne peuvent s'appliquer au premier mandat, puiſqu'il fut, dit-on, fait ſur la toilette de Madame de Saint-Vincent, *& en Avril.*

Elles n'ont pas plus de rapport avec le ſecond, puiſqu'il avoit été remis en *Juin* 1774.

Elles ſont encore moins analogues à l'effet envoyé, ſuivant les accuſés, le 14 Novembre. Madame de Saint-Vincent ne prétend l'avoir demandé que par ſa Lettre de la veille 13 Novembre. D'ailleurs ce n'eſt plus un mandat, mais un billet au porteur.

Qu'étoit-ce donc que ce nouveau mandat *promis trois fois*

par M. de Richelieu en six jours de tems en Octobre?

Vedel a voulu d'abord équivoquer sur l'année, attendu que les Lettres n'en portent pas de mention. Mais on lui a observé qu'en Octobre 1772, Madame de Saint-Vincent n'étoit pas à Paris, & qu'en Octobre 1774 elle étoit en prison. D'ailleurs l'événement de la maladie de Madame d'Egmont fixe nécessairement l'époque de 1773. La derniere ressource du sieur Vedel a été de dire, *qu'on ne finiroit pas s'il falloit répondre à toutes ces tracasseries de dates.*

Nous ne parlerons pas de tous les *brouillons* du sieur Vedel saisis chez la femme Leroi, parmi lesquels il s'est trouvé plusieurs copies de Lettres de sa main, dans lesquelles sont incorporées des *phrases & des alinea* entiers de véritables Lettres de M. le Maréchal, avec un mélange d'autres phrases relatives à Pechot, au mandat, au tiers, aux *quarante-cinq mille livres du Procureur*, aux *cent mille écus*, à *l'intérêt* de M. le Maréchal pour Vedel. Celui-ci, en soutenant que c'étoit sous la dictée de Madame de Saint-Vincent qu'il avoit écrit ces copies de Lettres, a répondu qu'IL N'Y CONCEVOIT RIEN (1). Mais tout le monde *concevra* aisément que *ces copies & brouillons* étoient les modeles qui devoient servir à la contrefaction de Madame de Saint-Vincent. Dans quelle autre vue auroit-on ajusté ainsi des copies en partie vraies, en partie fausses?

Il en est de même de nombre de *fragmens* de Lettres de M. le Maréchal de Richelieu, trouvés pareillement lors de cette saisie, dans les papiers de Vedel. Le surplus des Lettres a été supprimé. Dans ces fragmens mêmes il se trouve qu'on *a*

(1) Article 57, du deuxieme interrogatoire.

découpé & enlevé des mots, des lignes, des phrases entieres. C'étoient les instrumens du calcage.

Ajoutons ici la même réflexion que nous avons faite sur les billets.

Les lettres de *promesses* & d'*envoi* des billets ont été déclarées fausses ; qui a fait le faux ? Pour envoyer des billets faux, M. le Maréchal n'avoit pas besoin de les accompagner d'une lettre fausse, ainsi le faux ne peut émaner de lui. Mais pour prouver que les billets lui venoient de l'Hôtel de Richelieu, Madame de Saint-Vincent ne pouvoit se passer de *lettres d'envoi.* Ces lettres fabriquées, ne l'ont donc été que par celle qui avoit intérêt de faire encore ces faux.

Cet argument est d'autant plus concluant, qu'il en a été jugé de même par les Experts sur toutes les lettres & billets relatifs ou à *la promesse* ou à l'*envoi* des mandats. Les pieces 7, 9, 30 & 31 du dépôt de Lafite, & la lettre déposée par l'Abbé de Villeneuve, toutes contenant ou *promesse* ou *envoi des mandats*, ont été jugées fausses. Et tandis que d'un côté toutes ces pieces fausses, se trouvent en la possession de Madame de Saint-Vincent, rien ne prouve, rien n'indique d'où elles lui sont parvenues. Ainsi les mandats & les billets sont faux; les lettres rapportées pour leur servir de soutien sont fausses, & toutes ces pieces sortent fausses des mains de Madame de Saint-Vincent. Elle a donc fait elle-même tous ces faux; les lettres pour donner de la vraisemblance aux billets, les billets pour avoir de l'argent. Qui pourroit résister à des conséquences si évidentes?

Résumons l'induction de tous ces faits.

Le *calcage* a été fait par celle qui s'est exercée si longtems à calquer les lettres de M. le Maréchal de Richelieu; il a été fait par celle qui avoit le type, le modele à sa dispoſition. Les prétendues copies doivent être jugées de son invention, dès qu'elle ne veut pas représenter les originaux : les lettres d'*envoi* jugées fausses sont son ouvrage, puisqu'elles sortent de ses mains, & qu'elle ne prouve pas qu'elles lui soient venue de chez M. le Maréchal de Richelieu. Les brouillons saisis sur son Complice déposent encore contr'elle, puisque c'est elle qui les a dictés. Toutes ces pieces sont autant de témoins irréprochables, qui viennent attester à la Justice que cette nuée effrayante de faux est le triste fruit des égaremens de Madame de Saint-Vincent.

I X.

Fausseté prouvée par les négociations des billets.

La négociation des billets va nous fournir encore de nouveaux argumens. Jamais pareille affaire n'a fait briller tant de lumiere. Chaque fait est une preuve ; chaque circonstance une démonstration. Rappellons d'abord les faits.

Avant de tenter aucune négociation, il convenoit d'éprouver la sensation que feroient les fausses signatures. En conséquence, dès que le deuxieme mandat fut fabriqué, le sieur Vedel le porta chez Me Dumoulin Notaire de M. le Maréchal (1). *Il plia le billet, & ne montra que la signature.* Le Notaire trouva cette signature *un peu maigre*, & néanmoins la crut être celle de M. le Maréchal de Richelieu (2). Ce succès enhardit Madame de Saint-Vincent. On se rappelle la tentative qu'elle fit pour emprunter 24,000 livres sur ce mandat : mais la fausse *acceptation* Peixotto reconnue, il fallut faire un nouveau titre. De-là le billet au porteur de trois cens mille livres, accom-

1) Article 3 de son interrogatoire.

2) *Vide* sa déposition.

pagné, par *un excès de générosité*, *de deux billets* de soixante mille livres chaque.

Ces deux billets arrivés à Madame de Saint-Vincent, suivant sa narration le 14 Novembre 1773, étoient accompagnés d'une lettre qui lui défendoit *d'en vendre aucun*, *ni même d'en parler à personne d'un an*. Le même jour *elle en parle à Vedel*, *à l'Abbé Froment*, à toute la nature, & elle invite tous ses amis à lui chercher de l'argent sur un de ces billets. L'Abbé Froment trouve huit jours après à placer cet effet. Le sieur Boucher de Preville veut bien l'acquérir; mais il veut vérifier auparavant la signature. On y consent; on lui recommande seulement d'aller chez Dumoulin, & de *n'aller que chez lui*. Il y va, & ce Notaire croit encore reconnoître la signature. Il ajoute pourtant qu'*il est fort étonné que M. le Maréchal ait fait un pareil billet*, *parce que depuis trente-cinq ans qu'il fait ses affaires*, *il ne lui a jamais vu faire de ces sortes de billets* (1). Mais le bon marché tente le sieur de Preville; il donne à Madame de Saint-Vincent 20,000 l. d'argent, sur lesquels il retient 5,400 pour l'escompte à six pour cent, & 40,000 livres en rescriptions qui perdoient alors vingt-sept pour cent. *Produit net de ce billet*, 43,800 *livres*.

La perte étoit forte; mais enfin voilà un gros reste. Pour une personne qui *mouroit de faim*, qui ne *trouvoit pas un sol à emprunter*, c'étoit un trésor, c'étoit de quoi vivre dans l'abondance jusqu'aux échéances du billet de cent mille écus, & de l'autre billet de soixante mille livres. Madame de Saint-Vincent pouvoit donc du moins après cette négociation, se montrer plus fidele à la loi qu'elle dit qui lui avoit été imposée

(1) Déposition de ce Notaire.

de

de ne vendre aucun billet, même de n'en pas parler. C'eſt ce qu'elle eût fait ſans doute, ſi les billets euſſent été véritables. Mais parce qu'ils étoient faux, il falloit prudemment ſe hâter de négocier ces billets, crainte que la friponnerie ne vînt à ſe découvrir; & pour que la négociation fût plus facile, il falloit ſe dépêcher d'échanger le gros billet contre de petits billets; c'eſt ce qu'elle a fait.

Cet échange prétendu, ou plutôt cette fabrication *ſe fait au commencement de Mars.* En ſe prêtant à cet échange, le Bienfaiteur a grand ſoin encore de réitérer les défenſes de négocier. *Prenez garde*, lui fait-on dire; *vous êtes une mauvaiſe tête; n'allez pas faire la folle en les vendant ou les donnant.* Mais précautions inutiles; Madame de Saint-Vincent n'eſt pas plutôt en poſſeſſion de ces billets, qu'elle ſe hâte d'en tirer parti. Vedel, Benavent, une femme Leroi, l'Abbé Froment, l'Abbé de Villeneuve Flayoſc, l'Abbé de Trans, toute cette armée d'amis, de confidens ſe met en campagne pour trouver des acheteurs & faire de l'argent.

Le *Frippier Rubit* eſt le premier attrapé. La négociation avec lui fut conduite par les ſieurs Vedel & Benavent. Même vérification préalable chez le Notaire, que celle qui avoit été faite par le ſieur de Preville; même précaution de lui recommander le plus grand ſecret. Ils lui font prendre pour quatre-vingt mille livres de billets. Rubit donne pour 12,000 livres d'argent, & des effets pour le reſte. Ces effets ſe vendent partie à la requête de Benavent, partie à la requête de Vedel. On ne tire des deux ventes que 15,952 livres 16 ſols. Ainſi *produit net des quatre-vingt mille livres de billets*, 27,952 *liv.* 12 *ſ.*

Cette opération avoit trop bien réuſſi pour n'en pas tenter d'autres.

Au mois d'Avril 1774, l'Abbé de Trans engage un sieur *Florée* à prendre *deux* billets de 45,000 l., & il *se soumet à répondre de la négociation sur sa légitime* (1).

Au mois de Mai, *la femme Leroi* tente d'en négocier deux, dont un de 40,000 livres (2) qu'elle offre de laisser pour 28,000 livres (3).

Un *sieur Pontrosier* en offre deux à un sieur *Morand* (4).

Le nommé *Dufour* propose au sieur *Orion* d'en négocier deux (5).

Un *sieur Faurée* & une femme *Delpont*, *une Demoiselle Saint-Aubin* sont chargés de pareilles négociations (6).

On en offre deux, l'un de vingt, l'autre de trente mille liv. au sieur *d'Aigremont* (7).

L'Abbé de *Villeneuve* en remet deux au sieur *Dufour*, & pour prouver la sincérité de la signature, il lui fait voir nombre de lettres de M. le Maréchal à Madame de Saint-Vincent (8).

Le sieur *Chartier* en propose un de 50,000 liv. au sieur *Desroches* (9).

Un *particulier* offre à Me *Dumoulin*, Notaire, un billet de 40,000 liv. pour 25,000 livres (10).

Une *vieille femme* en propose un de 40,000 liv. au sieur de *la Haye* (11).

---

1) *Vide* les dépositions de Me Gaillard Notaire & du sieur Florée.

2) Déposition de Blondeau & de Dufour.

3) Déposition d'Orion.

4 *Ibid.*

5) *Ibid.*

6) *Ibid.*

7) Sa déposition.

8) Déposition de Dufour.

9) Déposition de Desroches.

10) Déposition de ce Notaire.

11) Déposition de la Haye.

Le nommé *Richard Desglaniere* essaie d'en négocier deux autres (1).

Benavent propose au nommé *Rolland* de se charger d'un billet de 25,000 liv. & il lui fait un billet de vingt-cinq louis d'or pour sa peine (2).

Quelque tems après, le même *Benavent* veut en négocier un autre de 20,000 livres (3).

Nous ne finirions pas, si nous parlions de toutes les négociations tentées. Elles furent trop précipitées pour réussir. Tant d'effets sur la place, abandonnés à toutes sortes de mains, laissés à vil prix, se décrierent d'eux-mêmes. Un de ceux auquel il en fut proposé, dit, en les refusant, il *y en a un boisseau sur la place* (4).

A quels signes reconnoîtra-t-on le crime, si ceux-ci ne le démontrent pas?

Madame de Saint-Vincent n'a, dit-elle, reçu tous ces billets qu'à condition *de ne les pas négocier*, & elle les négocie à l'instant même de ces prétendues défenses. Un seul auroit pu fournir abondamment à ses besoins; elle les négocie tous. Ceux qu'elle vend, elle les vend à vil prix, sans songer qu'elle decrédite & ses prétendus titres & son prétendu bienfaiteur. Pourquoi a-t-elle tenu une conduite si étrange? C'est que mieux instruite que personne *du faux des billets*, elle n'avoit que cette marche à tenir, *vendre vîte & s'enfuir avec les fruits de son crime.*

Il seroit impossible de rendre raison de toutes les négocia-

1) Description de la Haye.

2) Déposition de Rolland.

3) *Ibid.*

4) Rolland. *Vide* sa déposition.

tions, si l'on pouvoit se persuader encore qu'elle fût dans l'opinion que les billets étoient vrais.

I X.

Fausseté prouvée par toute la conduite des accusés depuis le moment de la découverte des négociations.

Mais voici le moment de la mieux juger encore.

Tout s'oublie; les faits échappent à la mémoire; les premieres impressions s'effacent. Les mêmes personnes qui ont été frappées d'abord de l'idée du crime, s'habituent insensiblement à en détourner la vue : le premier sentiment est celui de l'horreur qu'il inspire, le second est le desir de ne point trouver de coupables.

Ainsi fut jugée à sa naissance l'affaire de Madame de Saint-Vincent; ainsi l'on voudroit la juger aujourd'hui. Tous les yeux s'ouvrirent à l'évidence des preuves qu'accumula contr'elle M. le Maréchal de Richelieu. Maintenant qu'on les a oubliées, on voudroit la trouver innocente. Que ne peut-elle l'être, sans qu'il en coûte rien à la réputation de M. de Richelieu ! Mais elle le sent elle-même, elle le répéte dans tous ses Mémoires, *il faut qu'il y ait un coupable.* Achevons donc de prouver que c'est elle qui l'est, & réunissons à tant de preuves déjà si concluantes, celle qui naît de sa conduite à cette derniere époque.

M. le Maréchal étoit parti le 19 Juin pour Bordeaux. Le sieur Marion, chargé de ses affaires, apprend dès le lendemain qu'il se négocie des billets sous son nom. Il en donne aussi-tôt avis à M. le Maréchal, qui rejette d'abord ce bruit comme une fable. Mais les détails qu'il lui faisoit exactement passer étant devenus plus précis & plus circonſtanciés, M. le Maréchal lui écrivit le 12 Juillet, & joignit à ſon paquet une lettre pour Madame de Saint-Vincent, qu'on a déjà vue, mais qu'on ne ſauroit trop rappeller.

« *J'apprends avec étonnement*, ma chere couſine, qu'il ſe » négocie *pour 200,000 francs de billets ſignés de moi.* Ce qui » m'étonne encore davantage, c'eſt qu'on m'a dit que vous » êtes mêlée dedans, ce que je ne puis croire. Je vous prie » d'écouter avec bonté le ſieur Marion, mon Intendant, qui » vous remettra cette lettre, & l'aider à démêler le fil de cette » *friponnerie*, que vous avez autant d'intérêt que moi *à ne pas* » *laiſſer impunie.* Je ne vous parlerai pas d'autres choſes dans » cette lettre ».

Madame de Saint-Vincent convient elle-même qu'à la vue de cette lettre *elle rougit & fut très-alarmée* (1); elle n'avoue pas, ce qui eſt encore vrai, que toute *tremblante & déconcertée*, *elle prit les mains du ſieur Marion, le combla de careſſes, lui fit mille queſtions artificieuſes, perſévera à nier les billets.* A ſa confrontation avec le ſieur Marion, qui a dû dépoſer de ces circonſtances, elle s'en eſt excuſée en diſant, *qu'il lui avoit fait peur.*

Cette *peur* dura vraiſemblablement plus d'un jour. Car au lieu de repouſſer avec fierté le reproche de *friponnerie* employé par M. le Maréchal; au lieu de défendre ſes billets, de rappeller à M. le Maréchal ſes engagemens, & de ſe juſtifier ſeulement de la négociation, ſeule choſe dont, ſelon elle, M. le Maréchal eût à ſe plaindre, elle adreſſa le lendemain au ſieur Marion cette réponſe.

---

1) Page 9 du premier interrogatoire.

« Mon cher cousin, je réponds vîte à votre lettre qui m'a » causé *autant d'étonnement qu'à vous la nouvelle de ces billets* » *& du nom de madame de Saint-Vincent, qu'on dit être mêlée* » *là dedans, & que j'ignorois parfaitement.* J'envoie cette lettre » à M. Marion par une personne qui *pourra l'aider à découvrir* » *quelque chose*, & j'embrasse mon cher cousin. *Ecrivez-moi ce* » *que vous apprendrez*, & aimez-moi toujours. Car je suis bien » fâchée contre ceux qui me nomment sans me connoître ».

Cette réponse est au procès; la lettre de M. le Maréchal n'y est pas. Jamais on n'a pu la faire représenter par Madame de Saint-Vincent. Mais nombre de témoins dignes de foi l'ont vue. Madame de Saint-Vincent l'avoue même, à l'exception du terme de *friponnerie*, auquel elle veut substituer celui de *maquignonerie.* Mais l'idée qui étoit restée de cette lettre aux personnes les plus affidées à Madame de Saint-Vincent, détruit cet adoucissement qu'on essaie de lui donner. L'Abbé de Villeneuve Flayosc ne sera pas un témoin suspect. Il déclare dans son second interrogatoire, *qu'ayant trouvé Madame de Saint-Vincent triste, il la pressa & lui fit avouer que le sieur Marion venoit de lui communiquer une lettre de M. de Richelieu, par laquelle* IL NIOIT SES BILLETS : lui-même ayant vu cette lettre, *il vit que M. le Maréchal* NIOIT *d'avoir jamais fait des billets à Madame de Saint Vincent.*

(1) Ainsi l'opinion de l'Abbé de Villeneuve sur cette lettre fut fixée *par la déclaration* que lui en fit d'abord Madame de Saint-Vincent, & par la *lecture* qu'il en fit lui-même.

Rubit fut encore le témoin de cette premiere impression. Dans son interrogatoire, il avoue d'abord, *que par la lettre que*

---

1) Premier interrogatoire.

le sieur Marion lui fit voir & à son Avocat, *M. le Maréchal* NIOIT *les billets*, *& disoit n'en avoir jamais fait de cette nature.* Il convient encore *qu'en lisant celle écrite à Madame de Saint-Vincent*, *il lui dit : voilà une lettre qui ne ressemble en aucune maniere à tout ce que vous m'avez dit*, *& qu'il lui témoigna les plus violens soupçons.*

Rubit ne fut pas moins surpris de la réponse de Madame de Saint-Vincent, envoyée au sieur Marion, & il ne douta plus que les billets ne fussent faux, *puisqu'elle n'en parloit aucunement dans sa lettre. Cette lettre le mit au désespoir* (1).

Telle fut la premiere impression que produisirent, cette dénégation de la part de M. le Maréchal & cette ignorance affectée de Madame de Saint-Vincent, *& des billets & de son nom mêlé là dedans.* Ce sera celle que feront encore ces deux lettres à tous ceux qui les liront sans prévention. Il y a long-tems qu'il a été dit que ces seules lettres jugeoient le procès.

L'alarme devint générale parmi tous les partisans de Madame de Saint-Vincent. Elle chercha vainement à les rassurer. Védel & Benavent joignirent inutilement leurs efforts aux siens pour persuader *que M. le Maréchal ne se plaignoit que de la négociation.* Personne ne prit le change sur la lettre, & chacun y vit une dénégation formelle des billets.

C'étoient ceux de Rubit qui avoient fait le premier éclat, parce que ce Frippier avoit envoyé le lendemain même du départ de M. le Maréchal un homme affidé pour faire reconnoître ses billets par le sieur Marion. La Dame de Saint-Vincent crut qu'elle dissiperoit l'orage, en retirant ces billets. Dans cette idée, elle envoie chercher Rubit. *Vous m'avez perdue*, lui

1) Article 6 de son premier interrogatoire.

dit-elle, *par vos indiscrétions.* Elle lui ajouta, *que s'il ne vouloit pas essuyer une affaire terrible, il falloit qu'il lui rendît les billets* (1).

Le sieur Védel & Benavent, présens à la conversation, offrent à Rubit de faire, conjointement avec Madame de Saint-Vincent, un écrit par lequel ils *se porteront cautions, solidaires les uns pour les autres, à l'effet de retirer lesdits billets, sauf à les lui remettre le lendemain.* Rubit s'y refuse. Madame de Saint-Vincent le prend en particulier, *& tire de sa poche un billet de 600 liv. que Rubit lui avoit fait, elle le déchire en sa présence, pour l'engager à dire à l'Intendant de M. le Maréchal qu'il avoit rendu les billets. Rubit promet de dire ce qu'on voudra* (2).

Le lendemain à neuf heures du matin, Védel & Benavent, qui avoient donné leur certificat de la légitimité de la créance (3) & de la valeur fournie des billets, demandent à voir ce certificat, sous prétexte d'y mettre *le second nom du sieur Védel*, mais dans la vérité pour le reprendre. Rubit échappe à ce piege; les deux émissaires le quittent d'un air *fort mécontent & très-rêveurs* (4), & lui, il reste convaincu *que les billets sont faux* (5).

Ces refus de Rubit mettent Madame de Saint-Vincent au désespoir. Le 17 Juillet, elle écrit à Benavent.

« Montrez cette lettre à Rubit, parce qu'elle nous assurera » de son secret. *Je me meurs*, mon cher Benavent, le Major va » vous trouver ».

---

1) Interrogatoire de Rubit.

2) *Ibid.*

3) Termes du Certificat, *Que le billet signé de M. le Maréchal de Richelieu étoit par lui bien & légitimement dû à Madame de Saint-Vincent.*

4) Interrogatoire de Rubit.

5) *Ibid.*

Dans

Elle lui écrit dans un autre billet : « je n'ai pas dormi une » minute ; nous ſommes perdus, ſi Rubit *nous* trahit ».

Son effroi ſe peint, s'il eſt poſſible, encore plus énergiquement dans cet autre billet : « mon cher Benavent, on fait des » informations ; on a été chez cette femme (1), je me meurs ; » allez avertir Rubit, *& cédez-lui tout pour qu'il ne parle de* » *rien.* Adieu, mon fils. Enſuite, voyez Marion & parlez lui, » & cherchez à découvrir ce qu'il fait, *& venez vîte, car j'ai* » *la fievre*, & je ne ſaurois mourir ſans vous voir autant que je » pourrai ».

Ces nouvelles frayeurs étoient cauſées par les informations que faiſoit la Police de l'ordre du Gouvernement. Forcée d'y comparoître, elle n'avoit déclaré que pour deux cents mille livres de billets. Dans ſon trouble, elle ne ſe rappelloit pas qu'elle en avoit fabriqué pour 425,000 livres, elle ſe coupoit, ſe contrediſoit ſi groſſiérement, qu'elle ne put ſe diſſimuler à elle-même, les ſoupçons qui s'élevoient en foule contre elle. Elle comprit qu'il ne lui reſtoit plus d'autre reſſource que la fuite. Mais auparavant elle chargea tous ſes confidens de tenter encore de tirer parti de ſes billets. *Souvenez-vous,* écrivoit-elle à Benavent, *qu'il faut que je parte lundi, ſans cela je ſuis perdue, parce qu'on m'a avertie ; ainſi je fais mes malles, & je pars. Mais il me faut l'argent de Chariot. Je ſuis dans une grande inquiétude, & vous êtes tranquille.* JE PARS AVEC MON NEVEU, JE SUIS EN VÉRITÉ BIEN MALHEUREUSE EN TOUT. *C'eſt dans ces occaſions qu'on abandonne tout pour ſes amis, & tu me laiſſe. Fais-toi donner cet argent,* OU IL FAUT QUE JE SOIS PRISE.

Dans un autre billet. « Tu m'aſſommes de ne pas venir,

1) La femme Leroi.

» parce que tu me rassure & me console. *Il faut continuer de » vendre*, parce que cela est nécessaire, quoique je n'aie rien » vu de si malheureux ».

D'un autre côté, tout son monde étoit en l'air pour négocier.

Le 21 Juillet, l'Abbé *de Villeneuve* proposoit deux billets au sieur Dufour, *lui montroit des lettres de M. le Maréchal pour qu'il confrontât les signatures, & lui recommandoit le secret* (1).

Le 22, *la veuve Leroy* offroit pour 28,000 livres au sieur Orion, deux billets de 50,000 livres (2).

Le même jour, *d'Aigremont* en vouloit négocier d'autres à 20,000 livres de perte sur 50,000 livres (3).

Le 14 Juillet, *Benavent* en proposoit un de 20,000 livres au sieur Rolland (4), & ce billet lui avoit été remis à cet effet par l'Abbé de Villeneuve le 22 (5).

Et l'on tentoit toutes ces négociations, quoique le 19 du même mois Madame de Saint-Vincent, Vedel & Benavent & l'Abbé de Villeneuve eussent donné leur parole à M. de Sartine non-seulement de ne plus négocier, mais d'arrêter les négociations entamées (6)!

Ce fut dans ces circonstances, assez graves sans doute pour intéresser le Gouvernement à venir au secours d'un Duc &

---

1) Déposition de Dufour.

2) Déposition d'Orion.

3) Déposition de Vezan & Robert.

4) Déposition de Rolland.

5) Mémoire de Bennavent sur le provisoire page 12, interrogatoire de Bennavent.

6) Interrogatoire de l'Abbé de Villeneuve.

Pair, d'un Maréchal de France abſent pour ſon ſervice, que Madame de Saint-Vincent fut arrêtée d'ordre du Roi. Bientôt après, elle fut décrétée. Le tems n'avoit point encore diſſipé ſes frayeurs, elle n'étoit pas encore raſſurée ſur ſon crime. Cette foule de Protecteurs que la paſſion, que les préjugés, que mille injuſtices particulieres devoient lui procurer, ne s'offroient point encore à elle pour raſſurer ſon courage; auſſi termina-t-elle ſon premier interrogatoire par des déclarations qui euſſent peut-être conduit à aſſoupir l'affaire, ſi ſes partiſans acharnés à faire un éclat, n'y avoient pas mis des obſtacles invincibles.

A dit « qu'elle eſt dans la plus grande douleur de cette af- » faire par rapport à elle, à ſa famille & à M. le Maréchal, » qu'il n'y a rien qu'elle n'ait fait, & qu'elle ne fît pour ſe ra- » commoder avec M. le Maréchal, qu'elle ne peut pas atteſter » toutes les ſignatures, parcequ'elle ne les a pas vu faire com- » me celle du Major au ſieur Benavent; mais qu'elle aſſure en » tenir *trois* du Laquais de M. le Maréchal, & les autres par » lui-même. *Qu'elle renonce de tout ſon cœur à répéter le montant » de ces billets*; que quand elle les avoit, elle les croyoit bons » & les vendoit. Mais que Monſieur le Maréchal les lui diſpu- » tant, elle les cede de tout ſon cœur. Ajoute *que ſi M. le » Maréchal vouloit ſe contenter qu'elle paie & retire les billets de » Rubit, elle le feroit.* Qu'elle doit ce témoignage à toutes les » perſonnes avec leſquelles elle a vécu, & qui ſont compro- » mſes dans cette affaire; qu'elle les croit incapables de lui » donner aucuns mauvais conſeils. *Qu'elle prie M. le Maré- » chal de vouloir bien ne pas étendre ſa colere ſur des perſonnes innocentes, & qui n'ont que le tort d'avoir vendu les billets.*

RE'SUME'

QUEL tableau ! quelle ſuite incroyable de faits ! Raſſemblons-les ſous un point de vue encore plus précis.

Il doit être prouvé au procès que Madame de Saint-Vincent a laiſſé dans tous les lieux qu'elle a habités, *l'opinion de ſon habitude & de ſon talent pour le faux.* Imitation d'écritures, contretirement à la vitre, ſuppoſition de perſonnes, contrefaction de cachet ; il n'eſt point de genre de faux qu'elle n'ait pratiqué.

Ces faux ont eu principalement un rapport direct à M. le Maréchal de Richelieu. C'étoit ſur-tout ſur ſon écriture, ſur ſes lettres, que Madame de Saint - Vincent exerçoit ce talent criminel ; tantôt pour ſe donner plus de conſidération, tantôt pour ſe procurer des ſecours d'argent.

Depuis l'époque de ſes liaiſons avec le ſieur Vedel, ces projets ſe ſont agrandis, & ſes faux ſe ſont multipliés.

Elle a ſuppoſé une foule de lettres de M. le Maréchal, & une correſpondance ſuivie avec le ſieur Peixotto. Elle a fabriqué à cet effet des lettres qu'elle a avoué depuis à la Juſtice être fauſſes.

Pour nourrir les eſpérances de Vedel, & tromper d'autres perſonnes, elle a voulu perſuader que M. le Maréchal de Richelieu vouloit la combler de dons, tantôt d'une ſomme de douze mille livres, tantôt d'une penſion de quatre mille livres, d'autres fois d'une ſomme de quarante mille livres, de 100, de 150, de 200 mille & 300 mille livres.

Pour parvenir aux douze billets qui ſont l'objet du procès, combien d'autres faux n'a-t-elle pas créés ? Ne pouvant appuyer d'aucun motif même apparent des libéralités si immenses, elle a allégué dix causes différentes, toutes contradictoires & fausses.

Elle a voulu persuader que M. le Maréchal étoit le pere d'un enfant qu'elle disoit faussement avoir mis au monde, & elle a fabriqué des lettres supposées de M. le Maréchal dont elle a été forcée ensuite de reconnoître la fausseté.

Elle l'a accusé de l'avoir enlevée à sa famille, & de l'avoir fait venir à Paris pour l'y combler de biens, tandis qu'il est prouvé qu'elle y est venue furtivement de concert avec le sieur Vedel.

Arrivée à Paris, elle y fabrique un premier mandat de cent mille écus dont le contexte ridicule prouveroit seul le faux; mais dont la fausseté est encore mieux démontrée par la fausse acceptation du Banquier qu'elle y fait mettre par Canron.

Elle en crée un second d'une meilleure forme, & elle le revêtit encore d'une acceptation qui est reconnue fausse, & qu'elle est forcée d'abandonner.

Elle y substitue un troisieme titre. Mais l'*alibi* prouvé, écarte la possibilité de l'envoi & du renvoi de ce titre. Il démontre qu'elle est l'auteur du faux.

Elle fait ajouter à ce nouvel effet, deux billets de soixante mille livres, un pour elle, sans qu'elle puisse alléguer le moindre prétexte de *cet excès de générosité*, & un pour Vedel que M. le Maréchal de Richelieu n'a jamais eu aucune raison d'aimer ni de gratifier.

Elle prétend que le billet au porteur de 100 mille écus lui est donné avec défense de le négocier d'un an: & quatre mois après, sur sa seule proposition, elle dit avoir obtenu de M. le Maréchal de le convertir en dix billets de moindre somme pour lui en faciliter *la négociation*. Par une contradiction incroyable, elle prétend cependant qu'en lui remettant ces dix nouveaux billets, il lui fut recommandé de n'en point vendre : Et à peine les a-t-elle reçus, qu'elle les met tous à la fois sur la place.

Elle dit qu'elle a reçu ces billets en Mars & Avril, & l'un de ceux qui les a faits, reconnoît & avoue qu'il ne les a faits qu'en Mai suivant. Et il est prouvé d'un autre côté qu'il en a été présenté à la négociation dès le mois d'Avril précédent.

Sa fable est si mal ourdie, qu'il en résulteroit que M. le Maréchal de Richelieu auroit remis à une femme à laquelle il ne cessoit de reprocher sa *légéreté & sa mauvaise tête*, pour un million trois cent vingt-cinq mille livres de billets qu'elle auroit pu faire valoir contre lui.

Cette fable n'est qu'un tissu de mille contradictions, dont une des plus révoltantes est *que*, *périssant de faim & de misere*, Madame de Saint-Vincent auroit laissé passer, sans se faire payer, l'échéance du premier & du second mandat, & qu'elle auroit au contraire prévenu l'échéance des billets substitués à ce mandat.

Son crime se manifeste de plus en plus par l'incertitude où on la voit sur la valeur de ces billets & sur leur nombre ; par la preuve qu'au moment du départ de M. le Maréchal pour Bordeaux en Juin 1774, elle en vouloit encore fabriquer quatre autres ; par la lettre prouvée fausse & avouée telle par elle-même, dans laquelle elle se faisoit écrire par M. le Maréchal de Richelieu, qu'il lui enverroit ces quatre billets signés.

Dépositaire des lettres originales de M. le Maréchal de Richelieu, c'est elle seule qui a pu contretirer celles qui sont jugées l'être par les Experts.

Elle produit pour conſtater l'envoi des derniers mandats, trois lettres dans leſquelles elle fait dire à M. le Maréchal qu'il lui envoie les mandats, ce qui ſuppoſeroit un quatrieme mandat qu'elle ne repréſente pas; & dans ſa propre fable, il n'y a eu que deux mandats *envoyés*; & toutes les lettres d'envoi ſont des lettres reconnues fauſſes.

Après l'envoi du dernier mandat, on trouve encore dans ſes papiers trois copies de prétendues lettres de M. le Maréchal, qui annoncent l'envoi d'un mandat, & ce nouveau mandat n'étoit qu'une nouvelle fauſſeté, comme les lettres qui l'annoncent.

On a ſaiſi ſur Vedel les inſtrumens mêmes de leur crime: des brouillons deſtinés à leur projet, des fragmens de lettres, des lettres découpées qui ſervoient au contretirement.

Enfin la nature des négociations & les circonſtances dont elles ſont ſuivies, caractériſent de plus en plus le crime. Ces négociations ſe font myſtérieuſement, précipitamment, à vil prix, & dès que le ſecret en eſt dévoilé, la frayeur s'empare des coupables, la dénégation eſt leur premiere reſſource, toutes les ruſes poſſibles ſont imaginées par eux pour dérober la connoiſſance de leur crime. Enfin ils cherchent leur ſalut dans la fuite.

Qui pourroit donc ne pas reconnoître les auteurs du faux? *Ce crime occulte* de ſa nature, eſt ici auſſi clair que le jour même. La lumiere environne la Juſtice de toute part.

L'étouffera-t-on? Se refuſera-t-on à une telle évidence? Madame de Saint-Vincent l'eſpere, ſes partiſans n'en doutent pas. Ils oſent outrager à ce point la Juſtice! Mais leur illuſion ne ſera pas d'une longue durée; & tout garantit à M. le Maréchal de Richelieu, qu'un Tribunal auſſi reſpectable que l'eſt celui qui doit juger ce Procès, ſe montrera auſſi impartial qu'il eſt éclairé.

XI.

Complicité du ſieur Védel, conduite du ſieur Benavent & de l'Abbé de Villeneuve Flayoſc.

Il nous reſte à parler des autres Accuſés.

On doit déja être convaincu par les faits que nous avons expoſés, qu'ils ont preſque tous plus ou moins participé au crime de Madame de Saint-Vincent. S'ils ne ſont pas tous également coupables, ils n'en eſt du moins aucun qui n'ait mérité l'animadverſion de la Juſtice.

De combien de manœuvres & d'intrigues n'eſt pas coupable le ſieur VEDEL ?

Etranger aux premiers faux commis par Madame de Saint-Vincent, il a fini par s'y aſſocier, par vouloir en partager le fruit. On va en être convaincu, pour peu qu'on veuille ſuivre avec quelqu'attention les relations qu'il a eues avec elle.

C'eſt lui qui l'a déterminée à venir à Paris, qui le lui *a rappellé lorſqu'elle n'y penſoit plus.* Et néanmoins il eſt l'auteur de pluſieurs copies de lettres ſuppoſées, dans leſquelles il prétend que M. le Maréchal engageoit Madame de Saint-Vincent à faire ce voyage (1) ! Et il a porté l'audace & le menſonge juſqu'à reprocher à M. le Maréchal d'avoir uſé *de ſéduction & de rapt pour enlever Madame de Saint-Vincent à un aſyle que devoit rendre inviolable le vœu d'une Famille reſpectable, & l'autorité du Souverain* (2) !

(1) Article 3 du premier interrogatoire.

(2) *Vide* ſon analyſe du Procès page 25, & tous ſes Mémoires.

A Paris il a été le dépositaire du secret de Madame de Saint-Vincent sur le premier mandat, & c'est lui qui en a fait faire un nouveau modele par le sieur Alléon-Desgoutes (1). Comment a-t-il pu croire à ces libéralités ? Tout ce qui s'étoit passé à Poitiers, devoit le mettre en garde contre Madame de Saint-Vincent, disons mieux, devoit lui faire regarder comme la plus insigne fausseté, ce nouveau projet de libéralité.

Il y avoit connu la fausseté (2) de la correspondance supposée par Madame de Saint-Vincent avec le sieur *Peixotto*, concernant le prétendu don de 100,000 écus, & de son voyage à Poitiers pour lui apporter cette somme.

Il avoit su par conséquent que les *lettres de M. le Maréchal relatives à ce don & à ce voyage du sieur Peixotto, étoient également supposées & fausses.*

Il n'avoit pas plus été trompé par le don des 45,000 livres *déposées chez un Procureur*, & par l'ordre à lui donné par une prétendue lettre de M. le Maréchal d'aller toucher cette somme chez le dépositaire supposé. Il a avoué lui-même qu'il n'avoit fait aucune démarche en conséquence de cet ordre, & qu'il l'avoit regardé comme une *calembredaine* (3). Donc il savoit que la lettre étoit fausse.

Elle avoit essayé de lui persuader qu'elle *étoit accouchée* d'un enfant, & qu'il étoit le pere de cet enfant, quoiqu'elle n'eût eu ni grossesse ni accouchement (4).

Il l'avoit vu ensuite former le projet de charger M. le Ma-

---

1) Page 5 du premier interrogatoire.

2) Deuxieme interrogatoire de Madame de Saint-Vincent, article 57.

3) Article 11, du deuxieme interrogatoire du sieur Vedel.

4) *Vide* au même interrogatoire.

réchal de Richelieu de cette même paternité ; dont elle avoit voulu d'abord lui faire tous les honneurs.

Averti par tant de faussetés, de mensonges, de faux, il est impossible qu'il ait cru un moment que le mandat de 100,000 écus fût une vraie libéralité de M. le Maréchal.

Mais ce n'est pas dire assez : il est impossible qu'il n'ait pas participé à ce faux, & même qu'il ne soit pas regardé comme l'ayant dirigé. On va s'en convaincre.

Il est prouvé (1) que ce premier mandat étoit revêtu d'une fausse acceptation. Il le nie. Mais il est évident qu'il n'a pu ignorer cette fausseté, puisque c'est lui qui a fait réformer ce mandat, & qui en a fait faire un second.

C'est ensuite par ses soins que Madame de Saint-Vincent essaie l'effet que pourroit faire la signature contrefaite du second mandat ; il va lui-même le porter chez le Notaire de M. le Maréchal, le plie en deux, & ne montre que la signature, qui est trouvée maigre par le Notaire, quoique ressemblante.

On se rappelle la fausse acceptation mise encore sur ce second mandat, l'emprunt de 24,000 liv. tenté auprès du sieur Julien, l'éclat de ce faux dans la société de Madame de Saint-Vincent, & les plaintes ameres du sieur Dumas & de Madame de Saint-Jean. Vedel nie encore avoir rien sçu de tout cet événement ; mais il nie l'évidence : il ne peut avoir ignoré cette scène : & après en avoir été témoin, il n'a pu participer à tout ce qui s'est passé, sans être le complice de Madame de Saint-Vincent.

C'est encore par ses soins, par un Avocat de ses amis & en sa présence, que sont dressés les billets au porteur de

(1) Déposition de la Dame de Saint-Jean.

100 mille écus ſubſtitués au ſecond mandat, les cinq billets de ſoixante mille livres & la prétendue lettre d'envoi (1).

C'eſt lui qui ſe charge du prétendu paquet contenant tous ces billets, qui dit l'avoir porté à l'Hôtel de Richelieu: qui pour s'en procurer d'avance la preuve, prend la précaution, évidemment frauduleuſe, de ſe faire accompagner par la femme de chambre de Madame de Saint-Vincent, qu'il laiſſe dans le fiacre, pendant qu'il deſcend pour avoir l'air de parler au Suiſſe: & toute cette marche eſt démontrée n'avoir été que l'intrigue concertée entre lui & Madame de Saint-Vincent, puiſque M. le Maréchal étoit dans ce tems-là à Fontainebleau, que le Suiſſe a dû le lui dire, que d'après cela le ſieur Vedel auroit dû raporter un paquet ſi important, au lieu de le laiſſer au Suiſſe, & qu'inſtruit de cette abſence de M. le Maréchal il eſt phyſiquement impoſſible qu'il ſe ſoit laiſſé perſuader par Madame de Saint-Vincent que ce même paquet fût revenu douze ou quinze heures après, dès le lendemain matin, (2) avec la ſignature de M. le Maréchal.

Des deux billets de 60 mille livres, un lui eſt deſtiné par la lettre d'envoi attribuée à M. le Maréchal. Mais la lettre d'envoi eſt déclarée fauſſe; mais ce don de ſoixante mille livres au ſieur Vedel qu'il avoue n'avoir pas demandé, que Madame de Saint-Vincent déclare n'avoir pas ſollicité, eſt l'abſurdité la plus révoltante: ce faux ne peut avoir été commis que par celui qui avoit interêt de le commettre.

La fauſſe converſion du billet de cent mille écus en dix petits billets, eſt encore l'ouvrage du ſieur Vedel. Ce fut

1) Article 4 du premier interrogatoire.

2) Page 7 du premier interrogatoire.

lui qui manda les écrivains, qui leur fit écrire plusieurs de ces billets, qui par conséquent dicta & *les dates* & *les échéances*; & lorsqu'on lui a demandé les noms & les demeures de ces écrivains, il n'a jamais voulu les indiquer. Il a dit *qu'il ne se les rappelloit pas* (1).

Il entame la premiere négociation avec Rubit, l'accompagne chez le Notaire de Monsieur le Maréchal, & lui persuade, pour lui donner plus de confiance, que l'origine de ces billets *est une dette de M. le Maréchal envers le pere de Madame de Saint-Vincent* (2).

Pour assurer encore plus cette négociation frauduleuse, il donne à Rubit un billet par lequel il lui garantit que *les vingt-cinq mille livres montant du billet, sont bien légitimement dus par M. le Maréchal à Madame de Saint-Vincent*

Et en même tems il fait au nom de Madame de Saint-Vincent, un marché si onéreux avec Rubit, qu'elle ne retire qu'à peu près le quart du billet, tant en argent qu'en marchandises.

Et c'est *à sa requête*, que ces marchandises sont ensuite, vendues malgré les remontrances des Huissiers-priseurs dont il se sert.

Et lorsque toutes ces fripponeries commencent a éclater, c'est encore lui qui *veut retirer les billets* négociés à Rubit *en lui offrant de les lui remetre.* Le lendemain il tente une seconde fois de surprendre ce Marchand & de lui *escroquer le billet de garrentie qu'il lui a donné en lui alléguant qu'il veut y ajouter un de ses deux noms qu'il a oublié*, (3). Sa

1) Article 16 du premier interrogatoire, article 3 du second.

2) Page 5 de l'interrogatoire de Rubit imprimé.

3) Interrogatoire de Rubit, page 11 & 12.

conduite eſt ſi évidemment marquée au coin de la fripponnerie, que Rubit *ne doute plus de la fauſſeté des billets* (1).

Il a tenté d'autres négociations de pluſieurs de ces billets avec la femme Leroi Courtiere (2).

Benavent lui fait & à Madame de Saint-Vincent des repréſentations ſur le vil prix de ces négociations, ils lui répondent *que leurs affaires l'exigent ainſi.*

On ſaiſit des papiers dépoſés clandeſtinement chez la femme Leroi. Qu'y trouve-t-on ? des projets de lettres à M. le Maréchal, des copies de prétendues lettres de M. le Maréchal, qui n'ont jamais exiſté ; des lettres évidemment calquées les unes ſur les autres. Les inſtrumens du calcage ſe trouvent dans des lettres découpées de M. le Maréchal, dans des fragmens de lettres originales. Il ſeroit trop long d'expliquer ici les détails de la manœuvre qui réſulte évidemment de ces fragmens & brouillons. On en fera imprimer à la ſuite de ce Mémoire le tableau ; ce ſera une nouvelle démonſtration de la complicité du ſieur Vedel.

Dans ces papiers, ſe trouve une copie de lettre de Madame de Saint-Vincent, de la main du ſieur Vedel, qui prouve la parfaite indifférence de M. le Maréchal pour lui, & il avoue lui-même qu'il n'a jamais parlé que trois ou quatre fois à M. le Maréchal de Richelieu, mais jamais chez lui, ni chez Madame de Saint-Vincent, & ſeulement en public. Cependant dans toutes ſes Requêtes & Mémoires, il n'a ceſſé de dire que M. le Maréchal prenoit le plus vif interêt à ſon avancement (3).

---

1) Interrogatoire de Rubit, article.

2) Page 8 de ſont interrogatoire, article 3.

3) Il exiſte dans les lettres dépoſées par Me Lafite au Châtelet une

Chose encore plus étrange ! parmi ces papiers se sont trouvés trois brouillons *écrits de sa main* & reconnus par lui, qui paroissent être des billets de M. le Maréchal de Richelieu. Par ces billets, M. le Maréchal sembloit promettre aux époques des 12, 16 & 18 Octobre, l'envoi du mandat, tandis que dans tous leurs interrogatoires Madame de Saint-Vincent & Vedel ont constamment affirmé que ce même mandat leur étoit parvenu en Juin ou Juillet précédent.

Combien d'autres preuves de sa mauvaise foi ne trouve-t'on pas dans ses interrogatoires ? Il y déclare pour *à peu près* 420,000. *livres de billets* (1), & il n'en avoit déclaré que pour *deux cens* au Lieutenant de Police, lorsque de son propre mouvement, il s'y étoit rendu pour accompagner Madame de Saint-Vincent.

Il y avoue que Madame de Saint-Vincent étoit dans la *plus grande misere* (2), & il veut ensuite persuader qu'elle a laissé passer toutes les échéances de ses mandats sans les faire accepter ni se faire payer !

---

vraie eltrre de M. le Maréchal a Madame de Saint-Vincent cottée 17, & dans les pieces saisies chez la Veuve Leroy par le Commissaire Chesnon une lettre de Madame de Saint-Vincent au sieur Vedel, qui prouvent qu'elle n'avoit eû d'autre expédient pour engager M. le Maréchal à prendre quelque intérêt au sieur Vedel que de lui en parler comme du neveu de la Prieure de son Couvent. Une protection fondée sur un pareil motif est très éloignée de celle dont se targue le sieur Vedel qu'il fonde sur des confidences démontrées fausses. Quand M. le Maréchal auroit eû la complaisance de remettre au Ministre un Mémoire des demandes du sieur Vedel, est-ce une raison pour qu'il puisse persuader que M. le Maréchal a dû lui donner 60,000 livres?

1) Article 3 du premier interrogatoire.

2) Page 16.

On lui présente les trente-sept pieces déposées par Lafite, il déclare qu'il n'a rien à dire sur ces pieces. Et plus d'un an après, parce qu'une de ces pieces qui parle *de l'envoi d'une lettre de change à Madame de Saint-Vincent*, est reconnue vraie par M. le Maréchal, il essaie de persuader que c'est *la lettre d'envoi d'un des mandats.*

Interrogé sur la fausse lettre attribuée à M. le Maréchal au sujet de l'enfant, il dit *qu'il ne s'en ressouvient pas* (1), & dans sa confrontation avec Me Lafite, il dit que ce sont *des raisons de délicatesse qui ont empêché la famille de Madame de Saint-Vincent de déposer cette lettre.*

Aux articles 12, 13 & 14, on le presse de déclarer de combien il se prétend créancier de Madame de Saint-Vincent; il *refuse de s'expliquer*; il dit après qu'*ils sont d'accord là-dessus*, & il fait paroître ensuite dans le cours du procès un prétendu billet de Madame de Saint-Vincent de 10000 livres.

On lui demande *quel est le secret important de M. de Richelieu dont il est porteur.* Il répond une premiere fois, *que M. le Maréchal est en état de le dire;* une seconde, *que c'est à M. de Richelieu à le dire;* une troisiéme, *qu'il ne s'expliquera point sur cet article.* (2), Et à l'article 71, il finit par avouer *qu'il n'en a jamais eu verbalement, ni par écrit de la part de M. le Maréchal & que ce sont des folies de Madame de Saint-Vincent.*

Il avoue dans vingt endroits de son interrogatoire, que Madame de Saint-Vincent n'a cessé de l'entretenir *de ses*

---

1) Article 11 du deuxieme interrogatoire.

2) Articles 24, 25, 26 & 27 du deuxieme interrogatoire.

folies, *de ſes extravagances*, *de ſes menſonges*, *notamment au* ſujet de M. le Maréchal de Richelieu.

Il ſoutient véritable une lettre prétendue à lui écrite par M. le Maréchal pour retirer 45000 livres des mains d'un Procureur de Poitiers, & il ne peut ni déclarer le nom de ce Procureur, ni juſtifier de la moindre des démarches qu'il auroit dû faire, s'il eût cru cette lettre véritable (1).

Pour ſe laver de ces inconſéquences, il allegue *qu'il a cru que c'étoit une calembredaine de M. le Maréchal* (2), & il veut en même tems perſuader qu'il a cru à la vérité des mandats & des billets.

Il prétend ne pas *ſe reſſouvenir* ſi Madame de Saint-Vincent eſt convenue avec lui de la fauſſeté des lettres de Pechot, qu'elle avoit ſuppoſées, (3), & Madame de Saint-Vincent a formellement déclaré lui avoir fait cet aveu (4).

Sur tous les billets de Madame de Saint-Vincent à lui adreſſés, trouvés dans ſes papiers, où elle parle *de fineſſes*, *de papiers déchiquetés*, des relations avec *Canron*, *de promeſſes d'argent*, *du tour du monde fait pour en attraper*, *de confrontations d'écritures*, & enfin ſur les lettres évidemment contretirées à la vitre, & calquées les unes ſur les autres, ou bien, il déclare qu'il n'y *entend rien*, qu'il *n'y conçoit rien*, ou il répond d'une maniere ſi entortillée, qu'il eſt impoſſible de le comprendre (5).

---

1) Article 28 du deuxieme interrogatoire.

2) *Ibid.*

3) Article 30 & 31, *Ibid.*

4) Article 57 du deuxieme interrogatoire de Madame de Saint-Vincent.

5) *Vide* aux articles 45, 46, 47, 54, 55, 56, 57, 58.

Son

Son aſſociation au crime de Madame de Saint-Vincent, s'eſt miſe encore plus à découvert, s'il eſt poſſible, dans cet examen des trois Experts propoſés par l'Abbé de Villeneuve (4). Le ſieur Vedel va, avec lui, conſulter ces Experts : *parmi de véritables lettres de M. le Maréchal, qu'il leur remet pour ſervir de piece de comparaiſon*, IL GLISSE FRAUDULEUSEMENT UNE LETTRE SUPPOSÉE A LUI ÉCRITE PAR M. LE MARÉCHAL, DE LA FAUSSETÉ DE LAQUELLE IL NE POUVOIT PAS DOUTER ; LES EXPERTS DÉCLARENT CETTE LETTRE ET LA SIGNATURE DES BILLETS FAUSSES. Confronté avec l'un de ces Experts, il *ne veut pas le reconnoître*, il *cache ſa Croix avec ſon chapeau*, pour n'être pas lui-même reconnu.

Mais ce qui caractériſe encore mieux ſon aſſociation au faux, c'eſt que malgré le témoignage unanime de ces trois Experts, qui étoient de ſon choix & de celui de l'Abbé de Villeneuve, il a continué d'être l'agent principal des négociations de ces mêmes billets qu'il ſavoit être faux ; c'eſt qu'il a défendu avec l'opiniâtreté la plus inouïe, la prétendue ſincérité de ces billets : c'eſt qu'il n'a pas ceſſé enfin de ſe montrer le plus zélé partiſan de Madame de Saint-Vincent, le défenſeur le plus ardent de ſes crimes, le contradicteur le plus audacieux de la plainte en faux de M. le Maréchal, & le détracteur le plus acharné des Experts judiciares.

Si la vérité, ſi la droiture & la candeur euſſent dirigé ſa conduite, de cet inſtant, du moins il auroit dû abandonner une femme, qui de ſon aveu, n'étoit capable que de *folies, d'extravagances, de menſonges.* Son opiniâtreté à la juſtifier, lorſque ſa conſcience éclairée par ces trois Experts, lui diſoit qu'elle étoit coupable, lorſque tout publioit & prouvoit ſon

---

4) Confrontation de Vedel avec Harger.

crime, eſt la plus forte preuve qu'il l'avoit aidée à commettre ce crime, & qu'il y étoit intéreſſé.

Et qui pourroit douter de ce vil intérêt qu'il affecte pourtant de rejetter loin de lui, comme indigne de ſa prétendue naiſſance, & de ſes 35 ans de ſervice ; quand on ſe rappelle toutes ces idées de fortune qui étoient l'objet continuel de ſes relations avec Madame de Saint-Vincent ?

Je t'aime de bonne foi, lui diſoit-elle dans une de ſes lettres, *n'es tu pas le plus digne de la fortune, tu ſeras heureux, & j'aurai le plaiſir d'aller avec toi à Paris.*

Dans un autre billet, elle lui écrivoit : *Tu m'as ſurpriſe hier ne penſant plus à notre voyage, parce que je me ſuis entichée de cet argent ; il eſt vrai que ſans lui nous ne pouvons rien faire ; je le deſire tellement, que toutes mes penſées ſont noyées dans cette grande, qui m'occupe toute entiere.....* JE ME MEURS SI TU ME LAISSE A POTIERS.

Ailleurs elle lui diſoit : *Le mois prochain nous ne ſerons pas dans ces peines.... Huit jours après mon arrivée tu auras de l'argent.... J'aurai fait le tour du monde pour l'attraper; Milhaud d'abord ou j'ai penſé l'avoir, Tarbe, Poitiers, Paris, c'étoit là le terme de nos malheurs dans le ſecret de nos deſtinées.*

Je t'adore, lui écrivoit-elle encore, *mon amour triomphera de tout, je ferai ton bonheur, je lorgne de côté le jour heureux qui fera briller de joye tes beaux yeux.*

Dans une autre : *Accoutume toi à recevoir de petites choſes, en attendant les grandes, je t'envoie des confitures, une livre de bougie pour ta chambre, & du ſucre ; ſi tu as beſoin de quelqu'autre choſe, dis-le moi.*

Faurien ou ſon Commis, doivent me compter vingt louis & un peu davantage de la part de mon mari, là deſſus ta chambre est payée cinq louis..... Sois donc tranquille.

Ailleurs.... *Je veux que tu quittes le service; il faudra travailler à cela quand tu verras devant tes yeux de quoi vivre.*

Enfin peut-on douter que le sieur Vedel ne mît à prix ses sentimens pour Madame de Saint-Vincent, quand on lit cette autre lettre, écrite dans les premiers tems de leur liaison?

Si par malheur, comme cela peut arriver, que Peschot ne réponde pas sur le champ, tu me feras une vie de chien, j'aurai beau vouloir te mener dans le cabinet sombre, tu ne voudras pas y venir & je serai furieuse.

En veut-on de plus expressives encore, de plus relatives à des projets criminels, à une machination de faux?

J'ai un terrible pas à faire, je ne sçai comment je m'y prendrai.

Tenez, je vous envoie du caractere de cet homme, vous verrez qu'il parle du Maréchal, & que je le charge de toutes mes affaires à Paris.... Confrontez les caracteres & voyez que cet homme est un homme à M. le Maréchal, en qui j'ai la plus grande confiance.... Je vous envoie assez pour confronter les caracteres, il est inutile pour ce que je veux prouver, que j'envoie une lettre entiere, je vous envoie deux lignes de la lettre du Maréchal, de ce Courier.

Cette lettre est bien digne d'être accolée à celle-ci, qu'on a déjà citée.

Oh que nous étions laids! & cette grimace de pendu dont tu me menaça me porta malheur; j'aimerois mieux l'être pendue moi-même, que de te voir avec un air si indifférent.

Qu'on réunisse enfin à ces lettres, celle où Madame de Saint-Vincent effrayée des recherches qui se faisoient, appelloit à grands cris tous ses amis à son secours, & trembloit pour leur ſort comme pour le ſien propre ; par-tout le ſieur Vedel ſe trouve aſſocié à ſes craintes.

Que Rubit garde le ſecret, *car il* NOUS *perdroit* TOUS.

Je me meurs, mon cher Benavent, le Major va vous trouver; NOUS *ſommes perdus ſi Rubit* NOUS *trahit.*

Sans vos lettres *& celles de* Vedel, *mon procès ſeroit admirable ; mais il ne m'eſt pas poſſible de me défendre de toutes les conſéquences qu'on tire de ces malheureuſes lettres.*

Ainſi aſſociés dans leurs projets, ils l'ont été dans le crime & dans les horreurs qui le ſuivent ; leur cauſe n'a ceſſé d'être commune, & le ſieur Vedel ne ſe l'eſt pas diſſimulé. Il lui eſt échappé un aveu qui ſuffiroit ſeul pour le condamner. Lorſqu'on lui a demandé *quel intérêt il avoit à défendre avec tant de chaleur la vérité des billets, il a répondu : ſi Madame de Saint-Vincent eſt coupable,* JE LE SUIS AUSSI.

C'eſt parce qu'il eſt démontré qu'il *a partagé* le crime de Madame de Saint-Vincent, que M. le Maréchal, dans ſon dernier Mémoire imprimé avant l'Arrêt du mois de Mars 1774, l'a ſoutenu *plus coupable que Madame de Saint-Vincent.* Avec quelle mauvaiſe foi n'a-t-on pas eſſayé d'abuſer de ces expreſſions? On a prétendu que M. le Maréchal abandonnoit ſa plainte contre Madame de Saint-Vincent, & qu'il la reconnoiſſoit innocente. Mais une conſéquence ſi abſurde n'a pu faire aucune impreſſion ſur les eſprits raiſonnables. M. le Maréchal de Richelieu ne rétractera point ce qu'il a dit. Madame de Saint-Vincent eſt coupable, elle eſt l'auteur du faux ; on n'a ceſſé de le dire & de le démontrer. Mais M. le Maréchal a toujours vu en elle, ainſi que le ſieur Vedel a dit dans ſes interrogatoires l'avoir vu lui-même, une femme, qui par *un mélange de biſarrerie incroyable, eſt folle, découſue & inconſéquente,* aumilieu même de ſes crimes. Sans le concours du ſieur Vedel, elle n'eût jamais pu exécuter le plan d'eſcroquerie qu'elle avoit conçu dès Milhaud. Peut-être ſans la paſſion qu'elle conçut à Poitiers pour lui, & la cupidité dont elle vit que ſon ame ſe nourriſſoit, ſon talent à faire des faux, ſe ſeroit-il borné comme dans le principe, à quelques manœuvres obſcures & de peu de conſéquence pour ſe donner du crédit. Les reſcriptions de 18 & 30000 livres qu'elle avoit fabriquées ſeule à Milhaud, & dont il ne paroît pas qu'elle ait jamais fait uſage, conduiſent de plus en plus à penſer qu'il lui falloit un complice tel que Vedel, pour s'abandonner à des faux d'une certaine importance. Voilà ſon excuſe, s'il en peut être une pour une femme coupable, quelle qu'elle ſoit. Mais en eſt-il pour le ſieur Vedel? Une fois inſtruit du talent de Madame de Saint-Vincent, il en a reſſenti l'importance & l'utilité, il a tracé le plan, il a raſſuré les frayeurs & l'inquiétude de Madame de Saint-Vincent, il a dirigé ſa main. On a trouvé dans ſes papiers les inſtrumens du faux, les pieces ſervant au contretirement, les projets des fauſſes lettres, les fragments des véritables : Et tous les faux exécutés, les billets échus, c'eſt lui qui les a diſtribués & négociés.

Achevons ce parallele par une derniere preuve, qui ſans diſculper Madame de Saint-Vincent, démontrera de plus en plus que le ſieur Vedel eſt véritablement le plus coupable.

Un des faits principaux de toute cette affaire, eſt le fait de l'enfant qu'on avoit projetté d'attribuer à M. le Maréchal, pour donner d'avance une cauſe aux libéralités dont on vouloit fabriquer les titres. Or, qui a conçu le projet abominable de charger M. le Maréchal de cette prétendue paternité? Ce ne peut être que le ſieur Vedel.

Ou l'accouchement de Madame de Saint-Vincent est vrai, ou il est faux; s'il est vrai, Vedel sçavoit qu'il étoit le pere, & que M. le Maréchal ne pouvoit l'être. Les preuves de cette impossibilité ont été portées jusqu'à l'évidence dans les Mémoires de M. le Maréchal, par le calcul & l'époque de ses voyages à Bordeaux, & la date du prétendu accouchement de Madame de Saint-Vincent, fixé dans une de ses lettres au sieur Vedel (1).

S'il étoit faux, Vedel savoit encore mieux qu'on ne pouvoit, sans une insigne fausseté, donner à M. le Maréchal de Richelieu un enfant qui n'avoit jamais existé.

Cependant il se trouve une lettre, par laquelle on prétend que M. le Maréchal parloit à Madame de Saint-Vincent *de l'éducation de l'enfant*. Cette lettre est d'abord montrée & publiée avec affectation; on la retire ensuite, & lorsqu'on interroge Madame de Saint-Vincent, elle dit qu'elle *n'a pas donné ordre de la publier*, & elle avoue que M. le Maréchal *ne lui a jamais rien écrit de relatif à un enfant.* Mais le sieur Vedel con-

---

(1) La Cour est priée de vérifier les pieces saisies chez la veuve Leroy relatives à cette folie d'accouchement de Madame de Saint-Vincent. Ce sont les pieces 2, 3, 4, 5, 7, 8, 9, 10, 11 & 12 de la 1re liasse, 10e de la 3e liasse du Commissaire Chesnon, la piece 21 & 28, de la 3e liasse du paquet cacheté intitulé *Brouillons*, & la Cotte 8 de la 3e liasse des scellés du Commissaire Graville.

On verra entr'autres choses que Madame de Saint-Vincent fut fort effrayée d'un passage de M. le Maréchal à Poitiers, pendant sa grossesse; qu'elle se felicitoit de ce qu'il ne s'en étoit pas apperçu; qu'elle donnoit tous les honneurs de la paternité au sieur Vedel; que le sieur Vedel étant de retour à Poitiers, elle l'envoya voir son fils pour lui en apporter des nouvelles, & qu'elle lui faisoit des reproches sur son indifférence pour cet enfant.

fronté avec Lafite tient un langage tout différent : il dit que *ce sont des raisons de délicatesse qui ont empêché la famille de Saint-Vincent de déposer cette lettre.*

Il persévére donc à soutenir cette lettre véritable, lorsque Madame de Saint-Vincent en avoue la fausseté ; il y persévere, malgré la persuasion dans laquelle il a été que sa grossesse n'avoit été *qu'une folie & un mensonge* : il y persévere malgré la certitude qu'il a que M. le Maréchal ne peut être le pere. Une telle opiniâtreté dans le mensonge, n'est-elle pas une preuve qu'il est le principal auteur de ce faux? Ne prouve-t-elle pas du moins que des deux artisans du crime, il est le plus coupable ?

Qui peut en douter encore, lorsqu'on voit que c'est dans ses propres papiers saisis sur la femme Leroy, que se sont trouvés tous les projets de lettres fabriquées pour appuyer & accréditer cette trame odieuse? Il étoit le dépositaire des prétendues lettres de Madame de Saint-Vincent à M. le Maréchal, & des copies des prétendues réponses de M. le Maréchal relatives à cette fable. Certainement il ne persuadra jamais que Madame de Saint-Vincent abusoit de sa crédulité ; car, comme nous venons de le dire, il sçavoit ou qu'il n'y avoit pas d'enfant, ou que s'il y en avoit un, il en étoit le pere ; il étoit donc bien convaincu que M. le Maréchal n'étoit pas le pere de l'enfant ; Madame de Saint-Vincent n'avoit donc pas pu entreprendre de le lui persuader : elle ne lui avoit donc pas écrit réellement à ce sujet : M. le Maréchal ne lui avoit donc pas répondu. Qu'étoit-ce donc que ces fausses lettres de Madame de Saint-Vincent à M. le Maréchal, & ces copies de fausses réponses trouvées en sa possession, parmi ses papiers, sinon les armes qu'il préparoit pour appuyer les faux mandats, pour les rendre plus vraisemblables, pour s'en assurer & à Madame de Saint-Vincent, le paiement après la mort de M. le Maréchal, pour légitimer le prétendu don de 60,000 liv. à lui destiné par la prétendue lettre d'envoi des billets du 14 Novembre 1773 ? Il a donc concerté tous ces faux avec Madame de Saint-Vincent ; c'est la moindre des conséquences qu'on ait droit de tirer contre lui, du fait certain & prouvé, qu'il étoit sciemment le dépositaire de toutes ces pieces fabriquées.

Cette fausse paternité a été cependant le nœud de l'intrigue ; C'étoit *le fameux évenement de Poitiers* annoncé avec tant d'éclat. C'étoit le principe de ces rôles *de confident & de tiers* donnés dans les fausses lettres au sieur Vedel. C'est le *secret* dont parloient ces mêmes lettres, que le sieur Vedel a dix fois *refusé de révéler* dans le cours de ses interrogatoires, & qu'il a fini par avouer n'être *qu'une folie de Madame de Saint-Vincent*. Le Lieutenant-Criminel l'avoit bien senti : & l'on peut juger maintenant combien sont injustes les reproches que lui ont fait les accusés, d'avoir tant insisté sur ce point dans les interrogatoires.

Benavent ne connoissoit point Madame de Saint-Vincent quand elle forma avec le sieur Vedel ces projets de faux. Mais forcée de se faire des confidens, de s'associer des coopérateurs, dans quelle classe Madame de Saint-Vincent pouvoit-elle mieux les chercher, que dans celle de ces hommes dont l'unique ressource est de vivre d'intrigues ? C'est ainsi qu'elle a peint elle-même dans son premier interrogatoire le sieur Benavent.

Deux ou trois jours, dit-elle, *après la remise que me fit M. le Maréchal de Richelieu des petits billets, j'en donnai à vendre au sieur Abbé de de Villeneuve de Trans qui vouloit les cautionner*

tionner de toute ſa légitime, j'en ai confié au ſieur Vedel qui n'a pas non plus trouvé à les vendre. J'en ai donné au ſieur Benavent que je connoiſſois comme FAISEUR D'AFFAIRES. *Celui-ci les a donnés à un uſurier qui a répandu des copies qui ont couru ſur toutes les places, &c.*

BENAVENT a été décrété de priſe de corps à la requête du Subſtitut de M. le Procureur-Général. Il prétend que ce décret eſt une injure qu'il n'a pas méritée, & il demande 150,000 livres de dommages-intérêts.

Nous ne dirons pas que Benavent a été complice du faux : mais nous dirons, & il eſt démontré, qu'il a ſervi Madame de Saint-Vincent avec un zele plus que ſuſpect, que s'il eût été honnête & de bonne foi, il ſe ſeroit éloigné d'elle à la vue de ſes intrigues, & qu'il eſt impoſſible que le ſoupçon de ſes *fauſſetés & de ſes friponneries* ne ſe ſoit pas préſenté mille fois à ſon eſprit.

La négociation avec Rubit a été en partie ſon ouvrage, & l'on a vu combien devoit être ſuſpecte une négociation faite à ſi vil prix.

Conjointement avec Vedel, il certifie à Rubit que le montant des billets *eſt légitimement dû à Madame de Saint-Vincent* (1), & d'accord avec cet accuſé, il avance fauſſement à ce Marchand que les billets ont pour origine *un emprunt fait par M. de Richelieu, du pere de Madame de Saint-Vincent* (2).

Ce fut à ſa requête que fut faite la premiere vente des effets donnés en paiement par Rubit.

Ce fut lui que Madame de Saint-Vincent envoya au ſieur

1) *Vide* le Certificat qui eſt au Procès.

2) Interrogatoire de Rubit.

Marion *pour l'aider à découvrir quelque chose* (1). Il ne put se charger de bonne foi d'un pareil rôle, puisqu'il étoit parfaitement instruit d'où partoient les billets, par qui & avec qui ils avoient été négociés.

Si l'on en croit Madame de Saint-Vincent, c'est lui qui l'a déterminée à négocier (2), & cependant il dit lui-même (3) qu'il avoit vu une lettre de M. le Maréchal de Richelieu, *qui défendoit à Madame de Saint-Vincent de négocier les billets avant un an.*

Même après la *dénégation* des billets faite par M. le Maréchal, les recherches de la Police, la visite de Madame de Saint-Vincent chez le Magistrat, & ses promesses de ne plus négocier, il voulut encore le 24 Juillet faire faire une négociation par Rolland d'un billet de 20,000 livres (4).

Ensuite c'est lui qui se montre le confident le plus intime des auteurs du faux ; c'est dans son sein qu'ils déposent leurs *craintes, leurs frayeurs, le projet de fuite.* On en a vu les preuves.

C'est lui qui est député vers Rubit *pour s'assurer de son secret* (5).

C'est à lui que Madame de Saint-Vincent écrit, NOUS SOMMES PERDUS SI RUBIT NOUS TRAHIT.

C'est lui que la coupable appelle à grands cris pour la consoler : *Venez vîte, car j'ai la fievre, je me meurs, & je ne sau-*

1) Lettre de Madame de Saint-Vincent à M. de Richelieu, en réponse à celle du 12 Juillet.

2) Lettre du 12 Juillet.

3) Son Précis, page 15.

4) Déposition de Rolland.

5) Requête à fin d'appel & prise à partie.

rois mourir sans vous voir, autant que je pourrai.

La même intelligence, le même concert criminel n'a cessé de régner entre lui & les autres accusés pendant tout le cours de l'instruction. De-là ses contradictions, ses variations, son ardeur à défendre les fausses signatures, son déchaînement contre les Experts.

Enfin c'est lui qui a osé le premier mettre en avant, que M. le Maréchal de Richelieu étoit possesseur *de deux griffes d'argent qu'il avoit fait faire à différens intervalles par un Orfevre de Bordeaux* (3).

Et cet imposteur ose demander des dommages intérêts! Qu'il mesure, s'il le peut, l'intervalle de lui à M. le Maréchal de Richelieu, & qu'il voie si l'injure qu'il lui a faite, n'efface pas mille fois celle dont il pourroit se plaindre s'il étoit innocent?

QUANT à l'Abbé DE VILLENEUVE FLAYOSC, si sa conduite n'a pas des nuances aussi fortes, elle a néanmoins celle d'une connivence bien étrange avec tous ces coupables.

Et d'abord comment la Justice n'auroit-elle pas été étonnée de voir un homme de son caractere, se mettre en avant à côté du *faiseur d'affaires* Benavent, & d'une foule de *Courtiers*, pour *négocier les effets* de Madame de Saint-Vincent? Comment lui même n'a-t-il pas rougi de se voir associé à tout ce tripotage? Comment enfin, témoin habituel de toutes les intrigues de Madame de Saint-Vincent, n'a-t-il pas craint de participer à des négociations avouées faites par Madame de Saint-Vincent contre les défenses de M. le Maréchal, & qui par leur nombre, excédant les bornes du besoin, devoient paroître nécessairement frauduleuses?

Mais la suspicion augmente quand on voit les circonstances particulieres dans lesquelles il a tenté ces négociations.

Madame de Saint-Vincent avoit reçu le 16 Juillet la lettre de M. le Maréchal où il se plaignoit de la *fripponnerie des billets.* Elle avoit répondu le 17, qu'elle alloit joindre ses recherches à celles de M. le Maréchal *pour découvrir quelque chose.* Tout cela se passoit sous les yeux de l'Abbé de Villeneuve ; il a même avoué dans son interrogatoire *avoir vu la lettre* dans laquelle M. le Maréchal *nioit d'avoir jamais fait des billets à Madame de Saint-Vincent*(1) Il y a plus : le 19 du même mois, cet inséparable ami de Madame de Saint-Vincent l'accompagne chez le Lieutenant-général de Police, & là il est témoin de l'engagement qu'elle prend, ainsi que Vedel, *de retirer tous les billets qui sont sur la place, & de n'en plus négocier* jusqu'à ce qu'on ait vérifié si c'est *une fripponnerie,* comme s'en plaignoit M. le Maréchal.

Et c'est le 21 du même mois de Juillet que l'Abbé de Villeneuve remet à Rolland (2) deux billets pour les négocier ! *Il lui montre des lettres prétendues de M. le Maréchal pour qu'il compare les écritures ; & sur-tout* IL LUI RECOMMANDE LE SECRET (3). Il dit, à la vérité, dans son interrogatoire, qu'il déclara à Rolland que M. le Maréchal *nioit sa signature.* Mais on croit pouvoir assurer que la déposition de Rolland détruit cette allégation, laquelle est d'ailleurs hors de toute vraisemblance. Comment l'Abbé de Villeneuve auroit-il osé proposer à ce Courtier de négocier des billets, dont il lui auroit avoué *que la signature étoit déniée* ?

Le lendemain, l'Abbé de Villeneuve remit encore à Benavent un billet de 20,000 livres pour le négocier. C'est Benavent qui en a déposé lui-même.

---

1) *Vide* son interrogatoire.
2) *Vide* sa déposition.
3) Interrogatoire de Benavent.

De quelque indulgence qu'on uſe envers cet Eccléſiaſtique, il ſera toujours inexcuſable de s'être prêté à de telles négociations, à une époque, où s'il n'étoit pas convaincu de la fauſſeté des billets, il ne pouvoit pas du moins être ſans inquiétude & ſans quelque ſoupçon.

Si l'on joint à ce premier fait, qu'il étoit dans la confidence habituelle de Madame de Saint-Vincent, qu'il paſſoit ſa vie avec elle, Vedel & Benavant, que c'eſt lui qu'elle déſignoit par l'agréable qualification *de petit Abbé-Sécrétaire*, qu'il étoit dans le *projet de fuite*, & qu'il devoit *accompagner* Madame de Saint-Vincent, qu'il étoit le canal par lequel elle faiſoit paſſer à Benavent tous ces billets qui caractériſent ſi vivement le crime, qu'il a été enfin *le dépoſitaire des billets & des lettres* (1), que long-tems il refuſa de les repréſenter; ſi, diſons nous, on raſſemble toutes ces circonſtances prouvées au procès, qui pourra blâmer les premiers Juges, de la ſévérité dont-ils ont uſé envers l'Abbé de Villeneuve en le décrétant de priſe de corps?

M. le Maréchal de Richelieu n'eſt point ſon accuſateur: il n'a point ſollicité le décret qui a été lancé contre lui, il ne pourroit par conſéquent être tenu d'aucuns dommages-intérêts, s'il pouvoit en être dû à l'Abbé de Villeneuve. Mais où eſt ſon titre pour en obtenir? Ce ſeroit donc la récompenſe des ſervices par lui rendus à Madame de Saint-Vincent, du zele outré qu'il a montré dans le cours de l'affaire pour défendre la vérité prétendue des ſignatures, & des déclamations indécentes auxquelles il s'eſt livré, ainſi que tous les autres accuſés contre M. le Maréchal de Richelieu?

---

1 *Vide* ſon interrogatoire.

Que dirons-nous des autres Parties de la Cause, de l'*Abbé de Trans*, du sieur *Boucher de Préville*, *de Rubit*, de la femme *Leroi*, de *Canron* ? Ils prétendent aussi à des dommages & intérêts !

L'Abbé de Trans n'a été que décrété d'*assigné pour être oui*. Ce décret, le plus léger de tous, qui n'a pu compromettre sa réputation, qui ne l'a point inculpé, n'étoit-il donc pas bien mérité par la participation qu'il avoit eue à l'affaire ? Il a oublié sans doute que plusieurs des billets argués de faux, se *trouvent écrits de sa main*. Il aime à se faire illusion sur la légéreté & l'inconsidération avec laquelle il s'est prêté *à négocier* lui-même plusieurs de ces billets. Il ne se rappelle plus, qu'en en proposant deux au sieur *Florée*, il lui fit un *mystere de l'origine de la propriété* (1), & qu'il offrit de répondre de la *négociation sur sa légitime* (2).

Le sieur de Préville acquéreur d'un de ces billets pour une somme beaucoup au-dessous de la vraie valeur, étoit-il sans reproche ?

Rubit croit-il encore s'être bien justifié d'un agiotage qui lui a procuré pour 27952 livres, des effets montants à 80 mille livres ?

La Leroi, Courtiere, dépositaire des papiers les plus secrets du sieur Vedel, l'un des principaux agens des négociations, n'a-t-elle pas dû être infiniment suspecte à la Justice ?

Enfin Canron n'est-il pas convaincu, ne s'est-il pas avoué coupable *de la fausse acceptation* sur le premier mandat de 100 mille écus ?

---

1) Déposition de Florée.

2) Déposition de Me Gaillard.

Et voilà ceux qui demandent des dommages & intérêts à M. le Maréchal de Richelieu ! Il n'y a que la ſingularité de cette affaire qui puiſſe rendre raiſon d'une telle eſpece d'audace.

Il reſteroit pour achever le tableau entier de cette affaire, de rendre compte des intelligences ſecretes, des manœuvres & du concert des accuſés ; mais ce récit nous meneroit trop loin ; nous ne pouvons cependant nous refuſer à rapporter ici un billet qu'écrivoit Madame de Saint-Vincent à Benavent dans le cours de l'inſtruction. Le haſard le plus imprévu l'a fait tomber entre les mains de M. le Maréchal de Richelieu.

« Mon cher Benavent, me voilà ſortie de mes interroga-
» toires.

» Sans vos lettres & celles de Vedel, mon procès ſeroit
» admirable ; *mais il n'y a pas moyen de me défendre* de toutes
» les conſéquences que l'on tire de ces malheureuſes lettres ;
» j'ai pourtant bien répondu autant que j'ai pu.

» Si on vous demande, &c. Il faut dire, &c.

» Si on vous demande, &c. Dites, &c, &c, &c ».

Malgré ces efforts pour ſe concerter, on a vu dans combien de contradictions tous ces coupables ſont tombés ; que de manœuvres n'ont-ils pas auſſi employées pour ſéduire, pour effrayer les témoins indiqués & aſſignés par M. le Maréchal de Richelieu ? Pendant leur priſon, des gens affidés ont été apoſtés par eux pour voir les témoins à meſure qu'ils arrivoient de Milhaud, de Poitiers ; depuis leur liberté proviſoire, on les a vu, & les premiers Magiſtrats peuvent ſe rappeller que M. le Maréchal leur en a porté ſes plaintes, on les a vu aſſaillir le Greffe, s'entretenir avec les témoins, injurier, outrager publiquement ceux qu'ils n'avoient pu corrompre. Mais si toutes ces intrigues ont enlevé à M. le Maréchal de Richelieu quelques dépositions, il en restera toujours beaucoup plus qu'il n'en faut pour éclairer la Justice.

Avant la nouvelle information tout préjugeoit déjà le crime, & la marche même de l'auguste Tribunal saisi de cette affaire, indiquoit hautement que ses yeux éclairés menaçoient déjà les coupables.

De-là l'Arrêt du 17 Mars 1774, par lequel la Cour a refusé aux accusés la liberté provisoire qu'ils lui demandoient.

De-là celui du 7 Juillet 1775, qui ordonne *que le procès sera fait & parfait* à Madame de Saint-Vincent, audit Vedel & autres accusés, à la requête de M. le Maréchal de Richelieu, jusqu'à Arrêt définitif.

De-là les conclusions à *peines afflictives*, données par le Ministere-Public contre un homme, qui n'est prévenu d'autre crime, que d'avoir prêté sa main à Madame de Saint-Vincent, pour mettre sur le premier mandat une fausse acceptation.

De-là enfin, la précaution prise par la Justice de n'accorder à Madame de Saint-Vincent & à Canron la liberté provisoire, qu'à la charge de rester *en état de prise de corps.*

Tous ces Jugemens déposent de l'impression vive & profonde qu'avoit fait déjà sur la Cour la premiere visite du procès. Cette impression ne s'affoiblira point, lorsqu'on lui rendra compte de la nouvelle instruction. Elle doit y trouver le complément de quelques-unes des premieres preuves: des preuves toutes nouvelles de faux commis par Madame de Saint-Vincent; son habitude du contretirement à la vitre, constatée par une foule de témoins; le rapport des trois Experts, consultés en secret par l'Abbé de Villeneuve & le sieur Vedel,

&

& beaucoup d'autres circonſtances, qui n'étoient point encore venues à ſa connoiſſance.

Eclairée par ces nouveaux faits, la Cour n'héſitera pas de conſommer ſon ouvrage. Pourroit-elle, après tant de preuves réunies, déclarer innocens des accuſés, qu'elle a, dès la premiere viſite du procès, préjugés criminels ? Il faudroit du moins pour cela que l'interlocutoire eût été la preuve évidente de leur innocence. Mais lorſqu'il eſt démontré que la nouvelle inſtruction n'a fait qu'accumuler ſur la tête de Madame de Saint-Vincent & de ſes co-accuſés de nouveaux faits, des manœuvres inconnues juſqu'alors, des preuves nouvelles des délits dont ils étoient déjà prévenus, il eſt, nous oſons le dire, il eſt impoſſible que l'Arrêt définitif ne déclare pas coupables ceux auxquels les premiers Arrêts avoient ordonné que le *procès ſeroit fait & parfait.*

Tel ſera ſans doute le terme de ce long & incroyable procès.

Forcé depuis près de *quatre* ans de lutter contre de vils fauſſaires, pour écarter le ſoupçon qu'ils ont oſé rejetter ſur lui, M. le Maréchal de Richelieu a eu la douleur de voir la cabale & l'envie lui diſputer une triſte victoire, & eſſayer de flétrir une longue vie, illuſtrée peut-être par quelques momens de gloire obtenus en ſervant le Roi & la Patrie. Mais le temps de la Juſtice s'approche, & déjà elle chaſſe loin d'elle les préventions & les intrigues. La lumiere la plus pure s'offre à elle de toutes parts ; le crime le plus ſecret eſt devenu le plus palpable. Nulle faveur, nulle commiſération ne pourra défendre contre la juſte ſévérité des Loix, ceux qui ſont convaincus d'en être les auteurs. *Signé*, LE MARÉCHAL DUC DE RICHELIEU.

LE CONSEIL SOUSSIGNÉ qui a lu le Mémoire ſigné de M. le Maréchal de Richelieu :

ESTIME, premiérement, que M. le Maréchal n'a point eu le choix de l'action qu'il avoit à intenter, les Ordonnances de 1670 & 1737 ne lui en ayant permis d'autre que celle du faux principal.

Cette propoſition a été démontrée dans les réflexions qui viennent d'être préſentées à la Cour. Ce Précis mérite les plus grands éloges : ce n'eſt point l'auteur qui parle ; c'eſt la Loi qui le fait parler, & tous les raiſonnemens qui y ſont employés ne ſont que l'expoſition de la lettre & le développement de l'eſprit des Ordonnances en matiere de faux.

Secondement, que Madame de Saint-Vincent ayant été trouvée ſaiſie d'une partie des effets falſifiés, & que l'autre partie étant négociée par ſon ordre & à ſon profit au tems de la plainte, c'eſt à elle à prouver ſon innocence, par la ſeule raiſon qu'elle eſt réputée coupable, ayant été trouvée ſaiſie du corps du délit, & des pieces de conviction.

C'eſt encore un point que ce Précis a démontré d'une maniere auſſi neuve que lumineuſe, en ajoutant avec la plus grande raiſon, que quand bien même Madame de Saint-Vincent auroit pu parvenir à prouver ſon innocence, elle ne pourroit, ainſi que ſes complices, aſpirer à aucuns dommages-intérêts, parce qu'ayant été trouvée ſaiſie de ce qui conſtitue le crime, l'accuſateur qui avoit intérêt d'en decouvrir l'auteur, n'a pu pourſuivre qu'elle ; & que la Juſtice, toujours occupée à découvrir la vérité, a été néceſſitée d'employer les rigueurs de l'ordre judiciaire pour y parvenir par le fait même de Madame de Saint-Vincent trouvée saisie des effets falsifiés, & au tems de la négociation.

Si de pareilles preuves n'autorisoient pas les poursuites des Citoyens intéressés aux faux & des Magistrats, par le danger des dommages-intérêts auxquels les Parties seroient exposées, dans le cas où l'accusé prouveroit son innocence, malgré de si violens soupçons, le crime de faux resteroit impuni.

Troisiémement, loin que Madame de Saint-Vincent ait prouvé son innocence, elle reste au contraire accablée sous le poids des preuves de toute espece, & de la conviction. Un seul raisonnement en fait la démonstration. Madame de Saint-Vincent *a fait faire le corps des billets*, & *fixé les échéances*; ces billets sont sortis de ses mains avec de fausses signatures; elle les a négociés à vil prix & clandestinement. Elle en a profité; elle a été trouvée saisie des pieces qui constituent le corps du délit: donc elle a commis le faux ou l'a fait commettre; donc elle en est coupable ou complice, ainsi que de trois autres faux prouvés au procès, & avoués par elle, notamment de celui de son infame lettre *de la paternité* & celui de l'acceptation *Peixotto*.

L'unique ressource de Madame de Saint-Vincent & de ses complices, est d'imputer le faux dont elle est l'auteur, à M. le Maréchal. Le Conseil a lu un Précis qui sera mis incessamment sous les yeux de la Cour, destiné principalement à effacer jusqu'à la trace de cette misérable ressource.

La complicité du sieur Vedel, coopérateur du faux & l'artisan de ce mystere d'iniquité, est démontrée par le Mémoire ci-dessus, qui a été mis sous les yeux du Conseil.

Il en est de même de *Benavent* & des autres Accusés qui sont convaincus d'avoir négociées les billets à vil prix, connoissant qu'ils étoient faux, & d'avoir employé différentes manœuvres qui ont dû les rendre nécessairement suspects à la Justice; car, on ne peut trop le répéter, *c'est la Justice qui a tout fait, & M. le Maréchal n'a désigné personne dans sa plainte.*

Délibéré à Paris, ce 20 *Avril* 1777. *Signé*,

Du Vaudier,	Gerbier,
Babille,	Tronchet,
Aubry,	de Laune.

PIECES JUSTIFICATIVES.

Copie d'une lettre écrite par Madame de Saint-Vincent au sieur des Angles, qui prouve la supposition par elle faite d'un legs de 10,000 livres à son profit par Madame sa mere; elle prouve également la supposition par elle faite d'une lettre de M. le Président son mari. Il est évident que s'il eût promis par lettre d'acquitter l'engagement d'honneur contracté par Madame de Saint-Vincent envers le sieur des Angles, il eût acquitté il y a long-tems cette dette sacrée.

« Voici la suite des lumieres que votre esprit m'a données. » J'ai envoyé la procuration à l'abbé Boyer, & qu'il prenne » un billet de ma belle-sœur, qu'il le porte au Maréchal pour » lui prouver que les dix mille francs subsistent; je crois cette » conduite plus jolie & hors de tout soupçon. J'ai écrit au Ma- » réchal en suivant votre brouillard sans exactitude; je lui en- » voie que l'Abbé Boyer lui produira la présente. Comme » j'attends dix mille francs, je lui mande la lettre que mon » mari m'a fait écrire pour me dire que je produise la per- » sonne qui a répondu pour moi, & qu'il la paiera; que dans » cette détresse je vous ai envoyé chercher; que vous m'avez » conseillé dans mon adversité, & que j'avois pris mon parti » toute seule de lui tout écrire & de lui tout avouer; que ce- » pendant je vous avois prié de demeurer quelques jours de » plus à Nant, parce que peut-être j'aurois besoin d'autres » conseils suivant sa réponse. Voilà en gros le détail de ma » lettre que j'ai enfantée dans les transports de ma douleur. » Je vous en dois le compte pour les peines que je vous ai » données. Comme je ne dis au Maréchal que des vérités, mon » esprit est plus tranquille. Je vous prie de demeurer à Nant » jusqu'à la réponse. Je vous devrai tout si je puis obtenir de » vous ce dernier service que je vous demande. J'embrasse ma » chere Airolle, & je ne vous embrasse point, car vous croi- » riez que c'est pour vous ménager ». *Signé*, VENCE DE SAINT-VINCENT.

Copie de l'engagement contracté par Madame de Saint-Vincent au profit du sieur des Angles, pour l'acquitter du cautionnement de ses dettes à Milhaud.

« Je reconnois & confesse qu'étant menacée d'être poursuivie en Justice par mes créanciers, M. des Angles, Prevôt Général de cette Province, pour m'épargner les frais de leurs poursuites, & me rendre service, a bien voulu leur payer pour moi la somme de *sept mille deux cens soixante-dix liv.* laquelle je promets lui rembourser à sa volonté, suppliant M. le Marquis de Vence, mon pere, M. de Saint-Vincent mon mari d'y suppléer à mon défaut; le présent engagement devant être regardé *comme une affaire d'honneur qui intéresse toute ma famille. Fait à Milhaud ce 26 Mai* 1770 ». *Signé*, VENCE DE SAINT-VINCENT.

Copie de la lettre sur l'enfant dont Madame de Saint Vincent a avoué la fausseté dans l'article 30 *de son second interrogatoire.*

Elle avoit remis cette lettre à Me Lafitte son Procureur au Châtelet, comme étant écrite entiérement de la main de M. le Maréchal de Richelieu; & elle en donna décharge à son Procureur en lui retirant l'original, lorsque la découverte de ses lettres au sieur Vedel chez la veuve Leroi eut forcé le VICOMTE DE CASTELLANE *d'abandonner la machination de plainte en adultere, qu'il n'avoit pas rougi de vouloir asseoir sur cette fausse lettre.*

« Je suis occupé de votre état, ma chere Cousine; s'il n'étoit connu de personne, ce seroit le mieux. Vous ferez repartir sur le champ le Chirurgien que vous faites venir, *sans lui dire le nom du pere.*

» Ce sera vous qui m'apprendrez cet heureux événement. Une lettre de *Vedel* pourroit s'égarer; je lui répondrai, à lui, ensuite. Je serai à Paris le 6. Envoyez-moi le 2. Sortez le plus tard & le plutôt que vous pourrez.

» Vous ne m'enverrez pas l'Extrait B... Je pense que voilà les éclaircissemens que vous m'avez demandés.

» Il faut mettre cet enfant en nourrice comme le fils d'un » Bourgeois; cela lui fera le tempérament robuste.

» Adieu, chere & belle Cousine; comptez sur moi ».

COPIE *figurée de quelques fragmens de Lettres véritables de M. le* MARE'CHAL DE RICHELIEU, *qui se sont trouvés dans les papiers du sieur Vedel, saisis chez la femme Leroi, sixieme liasse, deuxieme piece, scellés du Commissaire Graville.*

» *donner votre procuration à Paris pour v... je puis vous en* » *proposer un en qui je crois que vous pouvez avoir confiance,* » *& dont je vous répondrois au besoin, & qui a la mienne. Il* » *s'appelle* SUBBE * . . . . *que vous.* . . . . . *vous pouvez* » *m'envoyer cette procuration, & je lui remettrai.* . . . *vous* » *pouvez*. . .

* Ce coupon suffit pour convaincre le sieur Vedel de mensonge, lorsqu'il affirme que c'étoit son nom qui existoit au lieu de celui de *Subbe* dans la lettre cottée 37, du *dépôt* de la Fitte.

OBSERVATION.

Ce fragment est tout entier de la main de M. le Maréchal, excepté les deux derniers mots *vous pouvez*, qui sont d'une écriture grossierement contrefaite. Tous les endroits ponctués ci-dessus, sont découpés & enlevés dans le fragment original déposé au Greffe.

En voici un autre.

. . . . « *être bon parent, desorte que vous ne devez vous* » *embarrasser de rien, & je vous demande seulement de dire* » amen *à tout ce que je vous propose. J'espere que vous ne vous* » *en repentirez pas, car j'ai...*

OBSERVATION.

Ici finissoit la premiere page de la lettre; mais le blanc du papier n'étoit pas rempli. Madame de Saint-Vincent y a ajouté deux lignes, l'une raturée, mais qui se déchiffre aisément; l'autre si surchargée qu'elle est illisible. On lit dans la premiere ligne ces mots qui se lient avec le commencement de phrase ci-dessus,

» *fait partir quarante mille francs. . . vous les recevrez* ».

Troisieme fragment *.

. . . . « *Godiniere, & ne mérite point de » reproches de ma chere Cousine que j'aime bien tendrement, & » qui en doit être si assurée, que je n'ai pas besoin de lui dire » des gentillesses pour l'en persuader* ».

À Bordeaux, ce 8 Octobre.

* Ces deux derniers fragmens ont été déposés au Greffe du Châtelet par le Procureur de Madame de Saint-Vincent.

Quatrieme fragment.

. . . . . « *fort envie que la Cousine soit contente du » Cousin* &c.

Toutes ces manœuvres sont si grossieres & si évidentes, qu'il n'est pas possible de ne les pas regarder comme autant de nouvelles preuves du faux. On aura beau user d'indulgence pour ces deux Complices, & chercher à se faire illusion sur leur crime, jamais on ne parviendra à donner d'autre objet à ces mutilations & falsifications des lettres de M. le Maréchal de Richelieu, que celui de parvenir à la fabrication des faux billets & des fausses lettres.

Les mots découpés & enlevés servoient évidemment au contre-tirement.

Les mots & les lignes ajoutés étoient ou les essais des faussaires, ou même de premiers faux dont ils vouloient faire usage, & qu'ils ont ensuite abandonnés, parce que la contrefaction étoit trop mal exécutée.

COMPARAISON

COMPARAISON DE DEUX FAUSSES LETTRES.

Piece cotée 5 du dépôt de Lafitte, arguée de faux.

Ce n'eſt ni indifférence ni abandon, ma chere Couſine, qui m'a empêché de vous voir, mais la quantité d'affaires preſſées que j'ai eues pendant les inſtans que j'ai pu être à Paris; mais je n'en ai pas moins été occupé à vous rendre de grands ſervices, j'oſe vous le dire ici, combattant avec force & ſuccès tout ce que un de vos parens faiſoit contre vous, & à déterminer des lettres à votre mari, auxquelles vous pourrez, je crois, attribuer un *changement heureux*. Je crois que vous faites bien de vous adreſſer à *Sube* pour terminer vos affaires. Ce que je vous conſeille très-fort, *c'eſt d'en faire part à votre tiers pour placer votre argent, & vous choiſirez Bordeaux* où je vous rendrai encore de grands ſervices, je vous verrai, *& nous finirons tout ce qui vous concerne*, il en eſt tems, je crois.

A Compiegne, ce 23 Juillet.

Piece cotée 7 du dépôt de Lafitte, arguée de faux.

Ce n'eſt ni indifférence ni abandon, ma chere Couſine, qui m'a empêché de voler vers vous, mais la quantité de monde & une lettre que je viens de recevoir du Roi, qui me fait preſſer de partir pour *Fontainebleau.* Le Roi eſt dans très-grand embarras de Miniſtres, je n'ay pas le tems de vous le conter, je feré à Paris Mardi, ne me récrivés pas ici; je vous prouverai le ſuccès de tout ce que je fais pour vous, & qui paſſera votre eſpérance; en attendant j'ai donné des ordres *pour qu'on vous rende votre mandat*, je crois que adhérerés à ce que votre tiers exigera, je vous le conſeille très-fort, ma chere Couſine.

Ce 21.

Votre mandat eſt ſur *le Banquier de Pechot*, il ne faut pas penſer de paroître de peur de l'apprendre, mais je parlerai à (mot illiſible) & lui faire attendre *mon retour*, attendés le tout de même.

Et au dos : A Madame, *&c*,

Q

A Madame la Présidente de St-Vincent, au Couvent de la Miséricorde, rue du Vieux Colombier près St-Sulpice à Paris.

OBSERVATION.

Ces deux lettres ont été déclarées fausses par les Experts. Madame de Saint-Vincent n'a eu garde de produire la lettre originale sur laquelle celles-ci ont été contre-tirées ou imitées.

On voit que ces deux lettres n'ont été fabriquées que pour parler de *mandat* & *d'argent* & du *tiers*. Les deux premieres lignes présentent la même phrase exactement répetée; ce qui prouve de plus en plus leur fausseté & le contre-tirement. Après avoir fait l'une, on a fait l'autre pour servir au besoin, & suivant les circonstances. On juge bien qu'elles n'étoient pas faites pour paroître ensemble; mais celui qui les a déposées n'a pas fait tant de combinaisons. Madame de Saint-Vincent lui avoit remis trente-sept lettres. Il a déposé ces trente-sept lettres.

AUTRE TABLEAU DE COMPARAISON.

On a vu dans les fragmens ci-dessus rapportés, une fin de lettre originale de M. le Maréchal, ainsi conçue :
» *Godiniere, & ne mérite point de reproches de ma chere Cousine que j'aime tendrement, & qui en doit être si assurée, que je n'ai pas besoin de lui dire des gentillesses pour l'en persuader* ». A Bordeaux, ce 8 Octobre.

Dans la seconde liasse du paquet cacheté intitulé *Brouillon*, piece 7, est une copie d'une prétendue lettre de M. le Maréchal à Madame de Saint-Vincent, écrite de la main du sieur Vedel, ainsi conçue :

« *Je ne mérite point de reproches de ma chere Cousine que j'aime bien tendrement, & qui en doit être si assurée, que je n'ai pas besoin des gentillesses pour l'en persuader.*

» Je n'ai pas eu de nouvelles *de Peschot*. Je pense comme lui doit penser, & la lettre qu'il a reçue achevera de consommer cette affaire, & vous rendra une tranquillité parfaite. » Je serai enchanté d'ailleurs que *Vedel* vous tienne la parole

» qu'il vous donne par écrit. Il me semble qu'il lui sera fort » aisé de faire régler les mémoires des Ouvriers qui ont tra» vaillé à votre appartement. Je vous recommande seulement » de ne pas mettre à cela la vivacité que vous mettez à tout, » afin que l'on n'ait point de connoissance qu'il est à Poitiers » pour vos affaires. Il reste l'article le plus important, qui est » celui de faire acquitter *Peschot* de ses promesses. Je vous ai » écrit sur cela tout ce que j'avois fait.

» *Vous profiterez le plutôt des premiers momens pour être en* » *chemin*, pourvu que votre maladie, embarras ne vous em» pêche pas de partir.

» Je vois avec grande satisfaction, ma chere Cousine, que » M. l'Intendant vous remettra vos papiers, & la lettre qu'il » recevra de M. de la Vrilliere achevera de le tranquilliser pour » le paiement de vos dettes *& de votre appartement.* Il faudra » contenter *Vedel*, qui s'est prêté à tout ce que vous avez » voulu, & qui est en souffrance peut-être. Ce n'est point vos » menaces qui m'ont fait dépêcher, mais seulement *l'envi dee* » *vous voir* ».

Cette prétendue copie de lettre de M. le Maréchal doit confondre à-la-fois & Madame de Saint-Vincent & le sieur Vedel. Les deux lignes qui commencent cette copie, sont les mêmes que celles qui terminent la lettre dont est resté le fragment ci-dessus. Ainsi cette copie étoit évidemment destinée à devenir une piece originale par le contre-tirement qu'on auroit fait des deux premieres lignes. Ce contre-tirement devoit se faire par celle qui savoit si bien contre-tirer. Et la préparation, la disposition des choses destinées à être contre-tirées, étoit constamment l'ouvrage du sieur Vedel, puisque c'étoit lui qui écrivoit de sa main ces projets destinés au contre-tirement.

En voici une nouvelle preuve du même genre. Il s'est trouvé au nombre des pieces déposées par Lafitte, cote 16, un fragment de lettre originale de M. le Maréchal à Madame de Saint-Vincent, dans lequel on lit ce qui suit :

» *fort envie que la Cousine soit contente du Cousin, qui l'est au-* » *delà de tout ce qu'il peut dire de vos lettres*, la derniere sur-

» tout *à quoi je ne répondrai bien que quand je vous tiendrai* » *du bout du doigt*, & tâcherai de me rapprocher jusqu'au » coude.

» *J'attends à tous momens avec la plus vive impatience des* » *nouvelles positives de tenir cet* APPARTEMENT, *afin que* l'E- » vêque puisse vous écrire en droiture. Je crois vous avoir » mandé pour cela que vous deviez lui écrire une lettre dont » je joins ici le projet, & que je lui ferai rendre, afin qu'il » vous réponde, & n'ait pas lieu de vous parler de moi dans » cette lettre, qu'il faudra faire voir à vos parens, & qu'il *est* » *à propos qu'ils ne sachent pas que je suis celui que vous avez* » *chargé de vos affaires*, *parce qu'ils n'y auroient pas tant de* » *confiance* que vous voulez bien en avoir. *Je la mériterai ce-* » *pendant* beaucoup par un attachement sans bornes & le res- » pect avec lequel j'ai l'honneur d'être, Madame, votre très- » humble & très-obéissant serviteur ».

Signé, LE MARECHAL DUC DE RICHELIEU.

Voici l'usage qu'avoient fait de cette lettre Madame de Saint-Vincent & le sieur Vedel.

On a trouvé dans la seconde liasse du paquet *cacheté*, intitulé *Brouillons*, piece 8 & 9, deux copies d'une prétendue lettre de M. le Maréchal à Madame de Saint-Vincent, l'une de la main du sieur Vedel, l'autre de la main de Madame de Saint-Vincent, toutes deux semblables, ainsi conçues :

« J'ai vu avec effroi, ma chere Cousine, l'état où vous avez » été, dont vous m'avez donné la premiere nouvelle. J'ai » écrit sur le champ à M. l'Evêque de Poitiers. Je partage la re- » connoissance de son attention pour vous, & l'ai chargé de » vouloir bien vous avancer tout l'argent dont vous auriez » besoin. J'ai écrit à *Peschot*, à l'Intendant de suspendre tout » jusqu'à nouvel ordre. M. de la Vrilliere a écrit à votre mari » & votre pere, qui doivent *en conjoncture* concourir à votre » liberté & vous laisser libre.

» Il seroit à propos d'avoir leur agrément, & vous n'useriez » pas de l'autorité du Roi : s'il faut en venir là, je vous man- » derai de prendre vos papiers de l'Intendant, & *de venir à* » *Paris*; *Peschot s'y rendroit avec les cent mille écus dont je*

» *l'ai chargé ; qui vous mettroient à votre aise pour un tems.*
» Il doit retirer les 45,000 liv. qui sont chez le Procureur. Je
» lui ai déjà écrit afin qu'il les donne à son arrivée : je lui écris
» qu'il passe à Poitiers, s'il n'est en campagne, d'où il doit se
» rendre : s'il tardoit, vous prendriez de l'Evêque tout l'argent
» qui vous sera nécessaire.

» J'ai donné des ordres afin que *Vedel* fût secouru en cas
» d'accidens malheureux; mais en votre nom, ma chere Cou-
» sine; il n'est pas raisonnable que je paroisse; *il est à*
» *propos qu'on ne sache pas qu'il est celui que vous avez chargé*
» *de vos affaires, parce qu'on n'y auroit autant de confiance*
» *que* moi; *il la mérite cependant par* sa discrétion. Je ne l'ai
» pas vu à Paris; il a très-bien fait, parce que vous-même lui
» rendrez service.

» *J'ai fort envie que la Cousine soit contente du Cousin, qui*
» *l'est au-delà de ce qu'il peut dire de ses lettres, à quoi je ne*
» *répondrai bien que quand je vous tiendrai du bout du doigt.*

» *J'attends à tous momens avec la plus vive impatience des*
» *nouvelles positives de tenir un* APPARTEMENT. Portez-vous
» bien, ma chere Cousine, & mandez-moi de vos nouvelles ».

A Paris, ce 30 *Novembre* 1772.

La fripponnerie se montre encore ici à découvert. Il y a quatre-vingt-cinq mots pris du fragment original, & transportés dans la prétendue copie, pour lui donner, par le contre-tirement qui devoit se faire, un caractere de lettre originale. Et pourquoi cette fausseté ? Pour glisser dans le surplus l'histoire de *Peschot*, le nom de *Vedel*, la fable *des quarante-cinq mille livres chez le Procureur*, la fable plus absurde encore des cent mille écus pour mettre *Madame de Saint-Vincent à l'aise pour un tems.* On avoit encore un objet plus grave; c'étoit de persuader que M. le Maréchal avoit attiré Madame de Saint-Vincent à Paris. En effet la date du 30 Novembre 1772, qu'on donne à la copie, auroit persuadé nécessairement que l'*appartement* qu'il étoit question de tenir, étoit un appartement à Paris, tandis que dans le fragment d'où cette phrase sur l'appartement est tirée; il est évident qu'il s'agissoit de *l'appartement de Tarbes* ou de *Poitiers*. Ainsi cette copie, comme la précédente, étoit le projet préparé par le Sr Vedel, pour former une lettre dans laquelle Madame de Saint-Vincent auroit en partie *imité*, & en partie *contre-tiré* l'écriture de M. le Maréchal de Richelieu. L'esprit le plus fertile en subterfuges n'en trouvera aucun pour échapper à cette conséquence, & pour donner un autre objet à ces copies. Aussi Madame de Saint-Vincent & le sieur Vedel n'ont-ils eu jusqu'à-présent d'autre ressource que de déclarer qu'ils ne *concevoient plus rien à tout cela.*

Signé, LE MARÉCHAL DUC DE RICHELIEU.

CHAMBRES ASSEMBLÉES,

LES PRINCES ET PAIRS Y SÉANTS.

MM. { ROLLAND DE CHALLERANGES, TITON, } *Rapporteurs.*

BOURGEOIS, Procureur.

www.ingramcontent.com/pod-product-compliance
Lightning Source LLC
LaVergne TN
LVHW020027170826
845678LV00001B/144

* 9 7 8 2 3 2 9 7 5 3 5 3 9 *